Mein Kampf für die irische Freiheit

Daniel Breen

Writat

Diese Ausgabe erschien im Jahr 2024

ISBN: 9789359944876

Herausgegeben von
Writat
E-Mail: info@writat.com

Inhalt

EINFÜHRUNG

„Mein Kampf für die Freiheit Irlands" von Generalkommandant Dan Breen von der Dritten Tipperary-Brigade ist eine Geschichte, die in der einfachen, ungekünstelten Sprache eines der tapfersten und ergebensten Söhne Irlands geschrieben wurde. Viele der großen Helden Irlands verließen diese Welt, ohne authentische Aufzeichnungen der Schlachten zu hinterlassen, an denen sie teilnahmen, außer der Tradition, die von Generation zu Generation weitergegeben wurde.

Im Laufe der Zeit gerieten viele der wichtigsten Abschnitte der überlieferten Geschichten in Vergessenheit und in einigen Fällen wurden Ergänzungen hinzugefügt, die manchen Erzählungen eher einen mythischen als einen historischen Charakter verliehen.

Ein authentischer historischer Bericht von Cuchulainn selbst würde, wenn er heute entdeckt würde, weltweit größeres Interesse wecken als die Entdeckung der Gräber der Pharaonen.
Der Autor und Hauptdarsteller dieser dramatischen Geschichte wurde in Tipperary geboren und wuchs dort auf. Er hatte keinerlei militärische Kenntnisse, bis er sich den Irish Volunteers anschloss. Tapfere junge Iren wie Dan Breen hatten sich seit Generationen von ihrem Heimatland entfernt. Ihr natürliches militärisches Genie und ihre Kühnheit fanden in den Armeen Frankreichs und Spaniens ihren Ausdruck, wo

„Auf fernen fremden Feldern, von Dünkirchen bis Belgrad
Lügen die Soldaten und Kommandeure der Irish Brigade."

Washington schätzte die Tapferkeit seiner irischen Auswanderersoldaten voll und ganz, was er später bewies, indem er ihnen den gleichen Status wie den gebürtigen Amerikanern zusprach. Er setzte grenzenloses Vertrauen in den Patriotismus und die Loyalität seiner irischen Generäle und Soldaten, die fast die Hälfte der gesamten Revolutionsarmee ausmachten.
Mit Ausbruch des Weltkriegs im Jahr 1914 wurde die Menschheit der Welt in zwei entgegengesetzte, mächtige Kriegsmaschinen gedrängt, die sich gegenseitig vernichten wollten. Der Slogan „Kämpfe zur Verteidigung kleiner Nationen" wurde ausgestrahlt. Unter diesem und anderen fadenscheinigen Vorwänden wurden Hunderte von Iren dazu gebracht, sich Englands imperialen Armeen anzuschließen, und sie erduldeten die Schrecken in Frankreich, Flandern und den Dardanellen.

Während diese neu rekrutierten irischen Regimenter an die verschiedenen Kriegsfronten in Europa eingezogen wurden, waren große Geister zu Hause damit beschäftigt, Irlands Erneuerung zu planen. Zwei Jahre lang hatte sich die irische Freiwilligenbewegung unter der Führung von Pearse, Connolly, Casement, Clarke und den anderen Führern wie ein Präriefeuer im Land ausgebreitet! Ach! Weil sie es wagten, den Anspruch ihrer eigenen kleinen Nation geltend zu machen, Herr im eigenen Haus zu sein, wurden die tapferen Leben von sechzehn edlen irischen Führern durch Erschießungskommando und Schafott ausgelöscht.

Dan Breen und seine wenigen Kameraden waren definitiv zu dem Schluss gekommen, dass es, solange über den öffentlichen Gebäuden Irlands eine ausländische Flagge wehte und eine ausländische Armee im Land stationiert war, für die Iren nur einen Ort zum Kämpfen gab, und dieser Ort war Irland.

Er wartete nicht darauf, dass eine Armee heranwuchs oder ein großer Feldherr aus fremden Ländern kam, um seine Landsleute zum Sieg zu führen. Tatsächlich war unser Soldat-Autor mit einigen Kameraden eine Zeit lang praktisch die einzige Truppe auf dem Feld, die in aktive Feindseligkeiten verwickelt war.
Ein so bewegendes Drama wurde selten, wenn überhaupt, auf der irischen Bühne aufgeführt. Es ist zweifelhaft, ob irgendein anderer Mensch in der irischen Geschichte im Kampf für die Verteidigung seines Landes eine ähnliche Anzahl beinahe tödlicher Verletzungen erlitt – und überlebte, um die Geschichte der Gefechte zu erzählen, bei denen er sich die Verletzungen zuzog.
Beseelt von einer brennenden Liebe zu seinem Land und dem festen Entschluss, seine Unabhängigkeit zu erreichen, erklärte Dan Breen mit einer Handvoll Männer England auf eigene Faust den Krieg, in der Überzeugung, dass ihre Landsleute ihrem Beispiel folgen würden. Und er wurde nicht enttäuscht.
Die beschriebenen Gefechte folgen so schnell aufeinander und sind von so spannender Natur, dass der Leser vom Beginn des ersten Kapitels bis zum Ende des letzten in Erwartung des Endes der Geschichte mit dem dramatischen Tod des Autors ist.

Die anschaulichen Beschreibungen der Orte durch den Autor, die Angabe genauer Entfernungen zwischen den einzelnen Orten und die Aufzeichnung von Orts- und Familiennamen verleihen der Geschichte einen deutlichen und besonderen historischen Wert.

So groß das körperliche Leid auch war, das er erdulden musste, nachdem er buchstäblich von Kugeln durchsiebt worden war, so war es doch nichts im Vergleich zu der seelischen Folter , die er später erdulden musste, als er sah, wie seine ehemaligen Kameraden nach der Unterzeichnung des „Vertrags" im Jahr 1921 die Waffen gegeneinander richteten.

Indem er seinen Landsleuten diesen authentischen schriftlichen Bericht über die Gefechte, an denen er teilgenommen hat, überließ, hat Dan Breen Irland

einen Dienst erwiesen, der nur durch die Dienste übertroffen wird, die er
dem Land in den Gefechten erwiesen hat, die er beschreibt.

Hoffen wir, dass ein kompetenter Keltologe die Geschichte in die Sprache
der alten irischen Helden übersetzt, die das Land Jahrhunderte bevor dieser
tapfere Sohn von Tipperary bereit war, seinem geliebten Land die
großartigen Dienste zu erweisen, die er so bereitwillig geleistet hat, in seine
Arme geschlossen hatte.

JOSEPH MCGARRITY.

PHILADELPHIA.

KAPITEL I.
DIE AUSBILDUNG EINES FREIWILLIGEN

„Das Leben eines Soldaten ist für mich das Leben,

Der Tod eines Soldaten, also ist Irland frei."

— *Davis.*

1914 schloss ich mich zum ersten Mal den Irish Volunteers im Dorf Donohill an, etwa vier Meilen von Tipperary entfernt. Damals war ich etwa zwanzig Jahre alt. Die örtliche Polizei kannte mich bald als „Sinn Feiner", damals eine sehr seltene Tierart. In einem späteren Stadium meiner Karriere verliehen mir dieselben Leute, glaube ich, den noch ehrenvolleren Titel „Prinz der Assassinen"! Aber ich muss den Leser um Geduld bitten, während ich kurz die Lage in Irland im Jahr des Ausbruchs des Ersten Weltkriegs umreiße.

Das britische Parlament hatte sein Home Rule Bill für Irland verabschiedet. Die orangefarbene Minderheit im Norden Irlands erklärte, sie werde jeden Versuch, dieses Gesetz durchzusetzen oder ein Parlament in Dublin einzurichten, ablehnen. Finanziell und moralisch unterstützt vom reichsten Teil der englischen Tory-Partei, organisierten, übten und bewaffneten die Orangemen offen eine Freiwilligenarmee, um dem britischen Parlament zu trotzen.

Zu dieser Zeit war Sinn Féin als politisches Konzept außerhalb Dublins kaum bekannt. Die Sprecher der großen Mehrheit des irischen Volkes waren die Parlamentarier unter der Führung von John Redmond. Einige der intellektuellen Führer, wie Pearse und MacNeill, deren politischer Einfluss damals wenig zählte, sahen in der Aktion der Orange Volunteers jedoch ein hervorragendes Beispiel für den Rest Irlands. Sie riefen die Nationalisten dazu auf, eine Freiwilligenarmee zu bilden. Die Tradition der Fenians lebte noch. Viele, die sich wenig für das Home Rule Bill interessierten, sahen, dass wir nun die Gelegenheit hatten, die sie sich gewünscht hatten. Irland folgte dem Ruf, und als der Große Krieg ausbrach, gab es in Irland drei Armeen, wenn auch sehr unterschiedlich in Ausrüstung und Ausrichtung. Eine war die britische Besatzungsarmee, die andere die Orange Volunteer Army im Norden und die dritte die Irish Volunteer Force. Als der Große Krieg ausbrach, schlossen sich Redmond und seine Anhänger den Briten an und riefen zu Rekruten für die britische Armee auf. Auch die Orange Volunteers sympathisierten von ganzem Herzen mit der britischen Sache. Die Irish Volunteers waren eine Zeit lang gespalten und unorganisiert; Tausende traten der britischen Armee bei; eine kleine Zahl blieb jedoch hartnäckig neutral und allein Irland gegenüber loyal. Diese kleine Zahl ließ sich nicht von Englands Phrasen täuschen, man kämpfe „für kleine Nationen" und „für die Heiligkeit der Verträge". Sie waren diejenigen, die an ein unabhängiges Irland glaubten; und da ihre besten Redner Anhänger des politischen Programms von Sinn Fein waren, wurden sie alle nach und nach als „Sinn Fein Volunteers" bekannt.

Unsere kleine Gruppe in Donohill gehörte zu dieser kleinen Minderheit. John Redmonds Ruf, der britischen Armee beizutreten, schenkten wir keine große Beachtung. Wir führten weiterhin offene Übungen und Übungen durch, in der Hoffnung, dass die Zeit kommen würde, in der wir die Chance bekämen, dem einzigen Feind, den wir kannten, einen Schlag zu versetzen – England.

weiteren Verlauf des Krieges wurden wir von der Polizei streng beobachtet. Man kannte uns als „prodeutsch". Die Mehrheit der Bevölkerung, die von der Lügen- und Verleumdungskampagne der Presse mitgerissen wurde, war im Krieg für England und gegen Deutschland. Der Adel und die reichsten Kaufleute und Bauern unterstützten im Allgemeinen die Bewegungen, die ins Leben gerufen wurden, um den britischen Soldaten in den Schützengräben Komfort zu bieten. Aber wir von den Irish Volunteers – von nun an muss ich unter diesem Begriff diejenigen verstehen, die sich weigerten, im Krieg auf Englands Seite zu stehen – hielten uns fern. Damals geriet ich bei der Polizei in Ungnade, weil ich mich weigerte, ihre Fonds zur Bereitstellung von Komfort für Soldaten zu unterstützen. Ich war Angestellter der Great Southern and Western Railway, und ich bin mir sicher, dass sie meine Vorgesetzten über meine ihrer Ansicht nach illoyalen Tendenzen informierten.

Es ist notwendig, die Art dieser Polizei zu erklären. Die Royal Irish Constabulary – eine Einrichtung, die inzwischen Geschichte ist – war keine Polizei im Sinne anderer Länder. Es war eine halbmilitärische Truppe, die im Umgang mit Waffen ausgebildet und mit Karabinern und Gewehren ausgestattet war. Da Verbrechen im üblichen Sinne in Irland praktisch unbekannt waren, bestand die Hauptaufgabe dieser Männer darin, Freiwillige und andere auszuspionieren, die für ein unabhängiges Irland arbeiteten. Sie berichteten sogar über Predigten irischer Priester. Insgesamt gab es damals etwa zehntausend dieser Polizisten im Land, verstreut in kleinen Garnisonen von zwei bis zehn oder zwanzig Mann, je nach Größe des Dorfes oder der Stadt, in der sie stationiert waren. Da sie größtenteils aus irischen nationalistischen Familien stammten, waren sie das Gehirn der englischen Garnison in Irland; denn sie kannten die Menschen und verfügten über die Informationen, ohne die Englands 40.000 Soldaten – die weder das Land noch seine Menschen noch seine Geschichte kannten – wenig genutzt hätten.

Ich fahre nun mit meiner Erzählung fort. Seit Ausbruch des Ersten Weltkriegs habe ich meine tägliche Arbeit fortgesetzt und mich nicht aktiver an der örtlichen Kompanie der irischen Freiwilligen beteiligt als jeder gewöhnliche Soldat. Wir trafen uns ein paar Mal pro Woche und übten und versuchten ab und zu, ein Gewehr oder einen Revolver zu ergattern, denn die Freiwilligen hatten zu dieser Zeit im Allgemeinen nur sehr wenige Waffen.

So setzten wir unsere Routine das ganze Jahr 1915 und bis April 1916 fort. Auf den Aufstand von 1916 möchte ich hier nicht näher eingehen, außer dass die Männer von Tipperary aufgrund der Verwirrung von Befehlen und Gegenbefehlen keine Chance hatten, ihren Mut zu beweisen. Ich muss jedoch einen Zufall im Zusammenhang mit unseren Plänen erwähnen. Zu den Aufgaben der Freiwilligen meines Bezirks gehörte die Zerstörung einer wichtigen Eisenbahnlinie. Zu diesem Zweck sollten wir eine Menge Sprengstoff beschlagnahmen, der dann vom County Council zu Sprengzwecken in einem benachbarten Steinbruch gelagert wurde. Dieser Steinbruch war Soloheadbeg, wo meine Kameraden und ich drei Jahre später unsere Feuertaufe erhielten.

Der Aufstand von 1916 veränderte unsere gesamte Einstellung. Die Leute, die zuvor die Sinn Feiners verhöhnt und verhöhnt hatten, schwenkten nun auf unsere Seite. Aber unsere militärische Organisation war zusammengebrochen. Tausende unserer Männer im ganzen Land wurden festgenommen und nach England deportiert. Die britischen Streitkräfte, sowohl Polizei als auch Militär, beschlagnahmten alle Waffen, die sie in die Finger kriegen konnten. Wir konnten nicht länger öffentlich exerzieren und paradieren; unsere Organisation war von den Briten feierlich für illegal erklärt worden. Eine Zeit lang waren wir verwirrt und verzweifelt. Das war jedoch nur von sehr kurzer Dauer, denn innerhalb weniger Monate hatten diejenigen, die nach dem Aufstand den Maschen des englischen Militärnetzes entkommen waren, tatsächlich zwei geheime Versammlungen in Dublin abgehalten, um die Freiwilligen neu zu organisieren.

Nach ein paar Monaten machten wir uns wieder an die Arbeit. Mein Nachbar und Kamerad Sean Treacy und ich beschlossen, einen Neuanfang zu wagen und unsere Freiwilligenkompanie wieder an die Arbeit zu schicken. Diesmal konnten wir es natürlich nicht offen tun; wir mussten im Geheimen arbeiten. Da es inzwischen als gefährlich galt, irgendetwas mit den irischen Freiwilligen zu tun zu haben, waren wir nur wenige, aber wir hatten bessere und entschlossenere Männer. Eine Zeit lang waren wir tatsächlich nur zu dritt.

Wir trafen uns nach der Arbeit zweimal wöchentlich in einem kleinen Gehölz. So kämpften wir uns bis Mai 1917 durch, als unsere Kompanie auf dreizehn Mann angewachsen war. Keiner von uns besaß militärische

Kenntnisse, und die Leute in der Nachbarschaft, die uns hätten unterrichten können, waren entweder der britischen Armee beigetreten oder man traute ihnen nicht zu, das Risiko einzugehen. Trotzdem kamen wir sehr gut voran mit körperlicher Übung, Aufklärung, Signalgebung, Revolverübungen, Nahkampfübungen und dergleichen. Wir mussten uns hauptsächlich auf Bücher verlassen; und seltsamerweise waren die Bücher, die wir am nützlichsten fanden, die offiziellen Texte, die den britischen Truppen, den Männern, auf die wir uns vorbereiteten, zur Verfügung gestellt wurden.

Natürlich machten wir ab und zu Fehler, aber unsere Ernsthaftigkeit überwand viele Schwierigkeiten. Außerdem waren wir oft unschuldige Zuschauer britischer Übungsmanöver in der Gegend, und ich kann Ihnen versichern, dass wir Augen und Ohren nach Hinweisen offen hielten. Wenn sich die Gelegenheit ergab, einen seltsamen Revolver aufzutreiben, schafften wir es irgendwie, das Geld dafür aufzutreiben und unseren kleinen Munitionsvorrat aufzustocken.

Die beste Anerkennung für unseren Erfolg in der Kunst der militärischen Ausbildung zollten uns die Beamten der britischen Regierung, die unsere kleine Truppe später als die „Spitzenschützen der IRA" bezeichneten. Nebenbei sei erwähnt, dass wir selbst gelernt haben, dass offizielle Erklärungen des britischen Militärhauptquartiers in der Parkgate Street in Dublin oder der Zivilbehörden im Dublin Castle immer mit einer gehörigen Portion Skepsis betrachtet werden sollten.

Im August 1917 veranstaltete unsere kleine Handvoll Männer ihre erste öffentliche Parade. Zu dieser Zeit waren die Männer, die nach dem Aufstand in der Osterwoche deportiert worden waren, freigelassen worden, und im ganzen Land begannen sie, das zu tun, was wir seit fast einem Jahr auf eigene Faust getan hatten. Auf politischer Ebene führten zwei Nachwahlen in Roscommon und Longford zu einem Sieg der Kandidaten, die für die republikanische Sache antraten. Noch ein paar Monate später wurde Eamon de Valera nach seiner Entlassung aus dem Gefängnis von Lewes eingeladen, um für einen vakanten Parlamentsposten in East Clare anzutreten. Da er für die Republik antrat und sich weigerte, am englischen Parlament teilzunehmen, wurde er mit überwältigender Mehrheit gewählt. Kurz nach seiner Wahl sprach er vor einer großen Versammlung in der Stadt Tipperary, und wir, in den dunkelgrünen Uniformen der Irish Volunteers, fungierten als Leibwächter des Mannes, der kurz darauf zum Präsidenten der Irischen Republik gewählt wurde. Tipperary war damals von einer Garnison von über tausend britischen Soldaten besetzt, und da unser Treffen fast im Schatten ihrer Kasernen stattfand , trugen wir keine Gewehre. Stattdessen trugen wir Hurleys. Damit begingen wir zum Erstaunen aller friedlichen Menschen einen dreifachen Akt der Missachtung Englands. Erstens war es ein Verbrechen, in militärischer Formation zu marschieren; zweitens war es ein noch schwerwiegenderes Vergehen, eine Uniform zu tragen; und drittens verstieß es gegen eine gerade erlassene Sonderproklamation gegen das Tragen von Hurleys.

Zu dieser Proklamation kam es folgendermaßen: An einem Sonntagnachmittag fand in Beresford Place in Dublin eine Versammlung statt, um gegen die Behandlung irischer Gefangener in England zu protestieren. Graf Plunkett und Cathal Brugha sprachen bei der Versammlung, als Inspektor Mills von der Dublin Metropolitan Police mit einigen seiner Männer versuchte, die Abhaltung dieser friedlichen Bürgerversammlung zu verhindern. An der Versammlung nahmen viele junge Männer teil, die zu einem Hurling-Spiel – Irlands Nationalsport – gingen oder von dort zurückkamen. Im Handgemenge, das auf den Versuch folgte, die Versammlung aufzulösen und die Redner festzunehmen, wurde der Inspektor mit einem Hurley getroffen und erlitt Verletzungen, an denen er starb. Daraufhin erließ Sir Bryan Mahon, der damalige Oberbefehlshaber der britischen Truppen in Irland, eine Proklamation, die das Tragen von Hurleys in der Öffentlichkeit für illegal erklärte. Um die Absurdität dieser Proklamation zu begreifen, muss man sich nur eine zivilisierte Regierung vorstellen, die das Tragen eines Spazierstocks für illegal erklärt. Das Ergebnis war, was jeder, der Irland kennt, erwarten würde: Hurleys wurden eine Zeit lang an Orten getragen, wo ihre Verwendung kaum bekannt war, und die britische Regierung wurde zur Lachnummer.

Diese erste militärische Demonstration in Tipperary war für den Feind kein größerer Schock als für die lokalen Sinn-Fein-Mitglieder. Sie müssen verstehen, dass die öffentliche Meinung zu diesem Zeitpunkt fast vollständig zugunsten von Sinn Féin geschwenkt war und wir mit Tausenden von Rekruten belastet waren, die im Grunde nicht für stärkere Waffen als Resolutionen waren. Bei dieser Gelegenheit waren viele der lokalen Sinn-Féin-Mitglieder schockiert über unsere Kühnheit, diesen Schritt ohne eine feierliche Diskussion, einen formellen Vorschlag für die Versammlung und eine langatmige Resolution zu wagen. Solche armen Seelen haben uns später oft behindert, aber das hat uns nichts ausgemacht. Der rein politische Flügel von Sinn Féin hat uns, glaube ich, heftig kritisiert, aber wir haben geschwiegen, einfach allen zugehört und unsere Männer beurteilt.

KAPITEL II.
VORBEREITUNG AUF DEN KAMPF.

Die örtliche Polizei informierte ihr Hauptquartier ordnungsgemäß über diesen offenen Verstoß gegen britisches Recht in Tipperary. Sie wurde angewiesen, die Täter zu verhaften. Da wir jedoch keine Lust hatten, die Gastfreundschaft der Gefängnisse Seiner Britischen Majestät zu genießen, gingen Sean Treacy und ich „auf die Flucht", das heißt, um unseren Verfolgern zu entgehen , mussten wir unsere Häuser verlassen und von einem treuen Freund zum nächsten ziehen. Doch am Freitag nach unserer öffentlichen Parade wurde Sean von den „Peelers" verhaftet. Mitglieder des RIC waren in Irland seit Generationen besser als „Peelers" bekannt, ein verächtlicher Begriff, der nach Sir Robert Peel geprägt wurde, der die Truppe im frühen 19. Jahrhundert erstmals organisierte.

Sean wurde ins Gefängnis von Cork gebracht, wo er zum ersten Mal die Brüder Brennan aus Meelick, County Clare, traf, die ebenfalls unfreiwillige Gäste der britischen Gefängniswärter waren. Die drei Brüder Brennan – Austin, Paddy und Michael – wurden später berühmte Offiziere im Südkommando der Irisch-Republikanischen Armee und bekleiden gegenwärtig hohe Ränge in der Armee des Freistaats. Nebenbei möchte ich erwähnen, dass England den Männern, indem es sie damals ins Gefängnis warf, wirklich eine ausgezeichnete Gelegenheit gab, Ansichten auszutauschen, Pläne für die Zukunft zu besprechen und das Gefängnis im Allgemeinen in eine „Universität für Rebellen" zu verwandeln. Viele lernten während ihrer Haft tatsächlich mehr über Drill und die Methoden der Sprengstoffherstellung, als sie je zuvor gewusst hatten.

Sean wurde schließlich vor ein Kriegsgericht gestellt und zu zwei Jahren Gefängnis verurteilt, von denen ihm jedoch sechzehn Monate erlassen wurden. Diese Prozesse waren natürlich reine Formalität, denn unsere Männer leisteten nie eine Verteidigung, sondern lehnten es ab, das Recht eines britischen Tribunals anzuerkennen, sie vor Gericht zu stellen. Sehr oft machten unsere Männer die Verhandlungen in der Anfangsphase zu einer Farce, indem sie während der Beweisaufnahme Zeitung lasen oder sangen.

Mit einigen seiner Kameraden trat Sean aus Protest gegen ihre Behandlung in einen Hungerstreik. Es war das erste Mal, dass irische politische Gefangene diese Waffe einsetzten, die später so üblich wurde. Sie wurden in das Mountjoy-Gefängnis in Dublin gebracht, wo sie ihren Hungerstreik fortsetzten, bis einer von ihnen, Kommandant Tom Ashe, der eine führende Rolle bei einer der erfolgreichsten Aktionen des Aufstands von 1916 gespielt hatte, an den Versuchen des Gefängnisarztes und der Beamten starb, ihn zwangsweise zu ernähren. Die Tragödie versetzte die gesamte irische Nation in Wut, und die britische Regierung erkannte zum ersten Mal, dass unsere Männer es ernst meinten und bereit waren, für ihre Prinzipien zu sterben. Es wurde eine Vereinbarung getroffen, wonach sie als Kriegsgefangene oder als politische Gefangene behandelt werden sollten, und eine Zwangsernährung wurde nie wieder versucht.

In der Zwischenzeit war ich während der Gefangenschaft meines Kameraden beschäftigt gewesen. Ich organisierte Freiwilligengruppen in allen umliegenden Gemeinden, und da im ganzen Land ähnliche Anstrengungen unternommen wurden, wurde unsere militärische Organisation bald noch perfekter als 1916. Die britische Regierung brach, getreu ihrer Tradition, die mit den Gefangenen getroffene Vereinbarung, und Sean und seine Freiwilligenkameraden, die inzwischen ins Gefängnis von Dundalk gebracht worden waren, traten erneut in Hungerstreik und erreichten ihre Freilassung.

Die Organisation und das Drill der Freiwilligen waren die ganze Zeit über im Geheimen erfolgt. Ab und zu überraschten die Briten hier und da Gruppen von Männern und nahmen sie gefangen. Aber als Sean nach Hause kam , brachte er die Nachricht mit, dass wir zum Drill ins Freie kommen sollten, selbst wenn die britische Regierung versuchen würde, jeden einzelnen von uns zu verhaften. Man war der Meinung, dass England, wenn es die Politik der Massenverhaftungen umsetzte, bald Zehntausende Iren im Gefängnis haben und sich wieder zur Lachnummer der Nationen machen würde.

Das war Anfang 1918. Zu dieser Zeit hatten wir bereits eine ordentliche Versorgung mit Waffen und Munition über Kanäle erhalten, die vielleicht noch nicht bekannt sind. Man muss bedenken, dass mehrere Jahre zuvor keine Schusswaffen ins Land gelassen wurden, kein Geschäft die Waffen verkaufen durfte, die es vorrätig hatte, und selbst Sportpatronen konnten nur mit Sondergenehmigung der britischen Militärbehörden gekauft werden. Der Feind witterte einen weiteren Aufstand.

Sie wurden wachsamer und erneut wurde Sean Treacy verhaftet. Vom Moment seiner Festnahme an trat er erneut in einen Hungerstreik. Michael Brennan aus Meelick und Seumas O'Neill, ein Lehrer am Rockwell College, schlossen sich ihm an. Beide waren drei Tage nach Sean verhaftet worden.

Während Seans erster Haftstrafe war ich zum Kompaniechef gewählt worden; und jetzt, während seiner zweiten Haftstrafe, wurde ich weiter befördert, zum Bataillonskommandanten, und später noch Brigadekommandant. Zu dieser Zeit wählte jede Kompanie ihren eigenen Kapitän, wobei jeder Mann eine Stimme hatte und wählbar war. Die verschiedenen Kompanieoffiziere in einem Bataillonsgebiet trafen sich dann und wählten ihrerseits die Offiziere für das Bataillon und so auch für die Brigade. Es war wahrhaftig eine demokratische Armee.

Damals lief es für England im Krieg nicht gut. Im März 1918 begann die große deutsche Offensive, bei der die britischen Linien durchbrochen wurden. In ihrer Verzweiflung riefen die Engländer: „Zieht die Iren ein." Innerhalb weniger Wochen wurde das notwendige Gesetz im britischen Parlament verabschiedet und alle Vorbereitungen getroffen, um die Iren zu zwingen, gegen England zu kämpfen. Sir John French, später Lord French, selbst gebürtiger Ire, war britischer Vizekönig in Dublin.

Das irische Volk wurde zum Handeln aufgeweckt. Nie zuvor war die Entschlossenheit so groß gewesen, den britischen Plänen Widerstand zu leisten. Bischöfe, Priester und politische Führer aller Meinungsrichtungen trafen sich, um der Bedrohung entgegenzutreten. Im Moment der gemeinsamen Gefahr wandten sich alle instinktiv den irischen Freiwilligen zu. Wenn es Widerstand geben sollte, würde dieser nur aus ihren Reihen kommen; denn England und Irland wussten genau, dass die irischen Freiwilligen bis auf den letzten Mann ausgelöscht werden würden, bevor sie zulassen würden, dass auch nur ein einziger Ire in die britische Armee eingezogen würde.

Unser Problem war der Mangel an Waffen; an Männern hatten wir inzwischen zu viele. Zu dieser Zeit war ich Brigadekommandant, und wir beschlossen, Waffenbeschaffungsaktionen durchzuführen. Wir wussten, dass es in Privathäusern, insbesondere in den Häusern der England treu ergebenen Elemente, reichlich Schrotflinten, Revolver, Bajonette, Schwerter und hier und da ein Gewehr gab.

Das Einsammeln der Waffen bereitete uns kaum Schwierigkeiten. Unsere Männer in jedem Bezirk hatten genaue Angaben zu jedem Haus, in dem sich eine Waffe befand. Wir gingen normalerweise nachts hin und fragten nach den Waffen. Diejenigen, die sich weigern wollten, wussten, dass sie es nicht wagten. Viele andere gaben sie bereitwillig her, und einige ließen uns sogar ausrichten, dass wir sie abholen sollten. In den wenigen Wochen, die wir mit diesem Auftrag beschäftigt waren, mussten wir auf keinen Fall einen Schuss abfeuern. Wir mussten die Sache so schnell wie möglich erledigen, denn sobald die Briten davon Wind bekamen, erließen sie sofort den Befehl, ihnen alle Waffen zur sicheren Aufbewahrung auszuhändigen. Wir waren normalerweise als Erste dort, und mehr als einmal war unser Besuch in einem Haus nur wenige Minuten vor dem der Peeler.

SEAN TREACY.

KAPITEL III.
UNSERE ERSTE MUNITIONSFABRIK.

Im Sommer 1918 drohte die Wehrpflicht, und Jung und Alt strömten in die Reihen der Freiwilligen. Man kann mit Sicherheit davon ausgehen, dass damals neun Zehntel aller arbeitsfähigen Iren zwischen 16 und 50 Jahren Freiwillige waren; die Frauen hatten ihre Vereinigung – Cumann na mBan – und die Jungen ihre, die Fianna oder Pfadfinder, und alle bereiteten sich darauf vor, unsere Hilfstruppen zu werden. Da die meisten unserer Offiziere wegen der einen oder anderen Anklage im Gefängnis saßen, mussten wir, die wir draußen waren, Tag und Nacht arbeiten. Die ganze Zeit über war ich begeistert, denn ich sah in der Wehrpflicht eine großartige Chance, unser eigenes Volk zu vereinen. Obwohl wir schlecht bewaffnet waren, waren wir entschlossen zu kämpfen; und ich glaubte, dass die Überlebenden, wenn es zum Kampf käme, in ihrem Ziel vereint sein würden, und für mich wäre ein vereintes Irland mit zwei Millionen Menschen einem Irland mit viereinhalb Millionen Menschen vorzuziehen, das in drei oder vier verschiedene Fraktionen aufgeteilt wäre.

Obwohl das Wehrpflichtgesetz inzwischen in Kraft getreten war, verschob England, als es unsere Entschlossenheit erkannte, seine Einführung um einige Monate, um uns die Möglichkeit zu geben, uns freiwillig zu melden. Wir setzten unsere Vorbereitungen fort und wurden immer mutiger. Manchmal war es für die Öffentlichkeit sowohl verwirrend als auch amüsant, unseren Manövern zuzusehen.

Mehr als einmal haben wir beispielsweise in Scheinschlachten die Stadt Tipperary angegriffen oder verteidigt und dabei bestimmte Straßen und Wege zu „Militärgebieten" erklärt, die während der „Operationen" britischen Soldaten oder Polizisten sowie Zivilisten nicht betreten durften. Diese Operationen wurden von einigen hundert Freiwilligen durchgeführt, während die Stadt von einer Garnison von über tausend britischen Soldaten besetzt war. Bei solchen Gelegenheiten trugen wir keine Waffen zur Schau, obwohl einige von uns aus besonderen Gründen ihre Revolver in der Tasche hatten.

Es wurde bald klar, dass England klüger war, als zu versuchen, uns einzuziehen. Die Bedrohung schwand allmählich, und mit ihr unsere große Armee! Aber die wenigen Männer, die übrig blieben, waren von größerem Nutzen. Sie wollten für die Unabhängigkeit kämpfen. Die anderen hatten nur daran gedacht, sich aus den Schützengräben Frankreichs zu retten, und glaubten wie die alten politischen Führer, dass Irlands Freiheit nicht das

Vergießen eines einzigen Blutstropfens wert sei. Wie meine späteren Handlungen zeigten, war ich anderer Ansicht.

Zu dieser Zeit genoss Sean Treacy, wie ich bereits erklärt habe, den Luxus eines Hungerstreiks im Gefängnis von Dundalk. Er hatte dreizehn Tage lang nichts gegessen, und wir fürchteten, sie wollten ihn sterben lassen. Wir, die wir draußen waren, hatten das Gefühl, dass wir unverzüglich etwas unternehmen mussten. Mir kam eine Idee. Warum nicht einen Peeler gefangen nehmen, ihn in ein sicheres Versteck bringen, ihn in einen Hungerstreik versetzen und ihn als Geisel für Seans Sicherheit behalten? Ich besprach den Plan mit einigen der anderen: Sie waren positiv eingestellt; und da wir wussten, dass jeden Abend ein paar Polizisten die Eisenbahnlinie in der Nähe der Limerick Junction patrouillierten, beschlossen wir, sie als unsere Geiseln zu nehmen. Alle Vorbereitungen waren getroffen, und unser Versteck oben im Berggebiet an der Grenze zwischen Limerick und Tipperary wurde ausgewählt. Vierzig Männer wurden mobilisiert, um den Job auszuführen; aber ausnahmsweise patrouillierten die Polizisten nicht an der Linie. Später erfuhr ich, dass der Plan von der Irish Republican Brotherhood abgelehnt worden war, einer Geheimorganisation, zu der die zuverlässigsten Freiwilligen gehörten und die praktisch die Freiwilligenarmee kontrollierte. Danach brach ich meine Verbindung zur IRB ab.

Sean Treacy wurde im Juli 1918 entlassen. Als er nach Hause kam , war er voller Pläne für die Organisation. Ich hatte in den Monaten, in denen er weg war, eine Überdosis davon genommen, und meiner Erfahrung nach war ich eher dafür, sofort einen Kampf zu beginnen, als weiter mit der Organisation zu spielen. Sean wollte seinen Willen durchsetzen, und wir einigten uns darauf, anderer Meinung zu sein. Ich gründete sofort eine „Munitionsfabrik" in Partnerschaft mit meinem Freund Patrick Keogh. Wir hatten viele lebhafte Auseinandersetzungen über verschiedene Punkte, einige wichtig, andere weniger wichtig, aber sobald Sean auftauchte, goss er immer Öl in die trüben Wogen.

Ich muss Ihnen eine Beschreibung unserer Fabrik geben, damit sich der Leser nicht eine irische Nachbildung der Krupp-Werke in Essen vorstellt. Das Gebäude selbst war ein kleines Landhaus, das Tom O'Dwyer aus dem Boghole gehörte. Drei Zimmer wurden an Denis O'Dwyer aus Dervice vermietet. Sowohl er als auch der Besitzer waren in Tipperary bekannte Persönlichkeiten. Unsere Ausrüstung war von der primitivsten Art, da wir keine Maschinen hatten. Aber es war ganz einfach, gewöhnliches schwarzes Schießpulver herzustellen. Wir stellten auch einfache Handgranaten her, die übrigens vor dem Werfen mit einem Streichholz entzündet werden mussten, sodass Sie sich vorstellen können, wie riskant es war, diese in einer windigen oder regnerischen Nacht zum Einsatz zu bringen. Zu dieser Zeit sammelten wir auch jede verfügbare Patrone, einschließlich Sportpatronen für Schrotflinten, und diese wurden mit Schrot nachgefüllt. Keogh und ich stritten uns immer darüber, ob es besser war, vier oder acht Körner Blei in die Patrone zu geben. Der Leser kann sich leicht vorstellen, welche Wirkung dies auf einen armen Teufel hat, der die volle Ladung einer dieser nachgefüllten Sportpatronen abbekommt.

Obwohl die meisten unserer Waffenüberfälle zu diesem Zeitpunkt bereits durchgeführt worden waren, fanden wir von Zeit zu Zeit immer noch Anlass für eine Expedition dieser Art. Meine erste Begegnung mit dem Feind hatte ich eines Nachts, als ich von einem Überfall zurückkehrte.

Eine kleine Gruppe von uns, darunter Sean Treacy, fuhr mit dem Fahrrad von Tipperary nach Hause, als mein Fahrrad platt wurde und ich absteigen musste, um es aufzupumpen. Ich befahl den anderen, weiterzugehen, und sagte, ich würde sie überholen. Auf ihrem Weg passierten sie die Polizeikaserne am Stadtrand. Offenbar hörte die Polizei sie an der Kaserne vorbeifahren und kam heraus, um sich umzusehen; oder sie waren tatsächlich auf der Straße, als die Männer vorbeikamen, und hatten in ihrem üblichen Mut Angst, den sechs Freiwilligen gegenüberzutreten. Jedenfalls hörte oder sah ich niemanden, als ich mein Fahrrad aufgepumpt hatte, bis ich plötzlich von einem stämmigen Peeler weggezogen wurde. In meiner linken Hand trug ich eine kleine Eisenstange zum Aufbrechen von Schlössern, also probierte ich ihre Wirkung an seinem Kopf aus. Die Stange gewann die Oberhand. Dann zog ich meinen Revolver und deckte die Gruppe der Peeler. „Ergeben Sie sich, oder ich schieße", rief ihr Offizier. „Heben Sie die Hände, oder ich erschieße Sie alle", antwortete ich. Sie befolgten meinen Befehl.

Dann ging ich rückwärts, ließ mein Fahrrad rollen und hielt mein Gewehr weiterhin auf die Schäler gerichtet, bis ich eine Gasse erreichte. Ich raste die Gasse hinauf, stieg auf mein Fahrrad und floh gerade noch rechtzeitig aus der Stadt. Schnell wurde Alarm geschlagen, die ganze Stadt umstellt und jede Straße und Gasse durchsucht. Aber ich war mit meinen Kameraden in meiner Fabrik in Sicherheit.

KAPITEL IV.
UNSERE FABRIK WURDE IN DIE LÜFTE GEFALLEn.

Mein aufregendstes Erlebnis war, als unsere Munitionsfabrik in den Himmel gesprengt wurde. Ich kam nur knapp davon, denn ich befand mich nur fünfzig Meter von der Tür entfernt. Aber mein Partner, Paddy Keogh, hatte eine noch schönere Rettung, denn er war tatsächlich auf dem Gelände, als die Explosion stattfand.

Wir haben nie erfahren, was die Verwüstung verursacht hat. Ich war zu einem Brunnen gegangen, um eine Kanne Wasser zu holen, denn wir mussten aus Notwendigkeit alles selbst kochen und putzen. Als ich zur Hütte zurückkehrte, sah ich, wie das Dach einstürzte, und gleichzeitig hörte ich das Dröhnen der explodierenden Granaten. Im nächsten Moment stand das Haus in Flammen. Es war eine verzweifelte Situation. Mein einziger Gedanke war, meinen Kameraden zu retten, falls ihm nicht bereits menschliche Hilfe zuteil wurde.

Ich ließ die Wasserkanne fallen und eilte zum Haus. Ich rannte die Treppe hinauf und fand Paddy entweder tot oder bewusstlos im Zimmer liegen. Ich hob ihn in meine Arme und trug ihn schweren Herzens durch den Granatsplitterhagel die Treppe hinunter und aus dem Haus und zum Ufer des Multeen, einem kleinen Bach nicht weit vom Haus entfernt. Mein Herz war voller Schmerz, als ich ihn an den Bach legte und nach meiner Kanne eilte, um etwas von dem frischen, sauberen Wasser über sein blasses Gesicht zu gießen. Bevor ich Zeit hatte, die Wirkung einer zweiten Portion zu testen, war Paddy auf den Beinen und rannte auf mich zu – noch am Leben!

„Du verdammter Idiot, willst du mich ertränken?", schrie er. Und dann fügte er noch viel mehr hinzu, was ich lieber nicht wiedergeben möchte.

Die Zerstörung unseres Hauses war ein schwerer Schlag und eine Zeit lang betrauerten wir den Verlust unserer kleinen Fabrik und ihres Inhalts.

Mein kleines Kapital war nun weg, und die O'Dwyers mussten für den Verlust ihres Hauses entschädigt werden. Ich dachte mir meine Pläne aus, rief alle Handwerker unserer kleinen Armee zusammen und ließ sie arbeiten. In wenigen Tagen war das Häuschen repariert und sah nicht schlechter aus.

Übrigens übten die Black and Tans später daran wirksamere Rache als durch die Explosion der Granaten.

O'Dwyers Haus war nun für meine Arbeit gesperrt, aber sehr bald bekam ich ein anderes Haus von einem guten, typischen Mann aus Tipperary, Jer. O'Connell. Hier war ich erfolgreicher, weil ich bei meiner Arbeit größere Vorsichtsmaßnahmen traf. Ich schützte mich vor einer weiteren Explosion, aber andere Umstände zwangen uns, das Haus innerhalb weniger Monate zu räumen.

Während unseres Aufenthalts in diesem Haus waren wir alles andere als glücklich. Wir hatten keinerlei körperliche Annehmlichkeiten. Wir hatten weder Bett noch Bettdecken, und schlimmer noch, wir hatten kein Geld, um sie zu kaufen. Wir liehen uns ein paar Decken von Nachbarn und besorgten uns etwas Stroh vom nächsten Bauern. Zuerst breiteten wir das Stroh auf dem Boden aus und deckten es mit einer Decke zu. Dann breiteten wir einen Haufen alter Zeitungen über uns aus (die wir jeden Tag sorgfältig sammelten) und legten unsere zweite Decke darüber. Das Papier hielt uns ausgezeichnet warm, und da wir uns nicht aus einer Position bewegten, konnten wir normalerweise etwa drei Stunden schlafen. Sobald wir uns bewegten, riss das Papier und die Kälte drang schnell hindurch. Noch unbequemer als unser Bett war die Anwesenheit der Mäuse! Die kleinen Bettler waren sehr zahlreich und sehr dreist. So manche Nacht wurden wir aufgeweckt, weil sie an unseren Haaren knabberten. Wann immer ich protestierte, sowohl in Taten als auch in Worten, flehte Sean Treacy : „ Ach, die armen kleinen Geschöpfe! Sie können genauso gut glücklich sein, wenn wir es nicht können." Sei ihnen nicht böse, Dan, selbst wenn sie dir ein bisschen von deinem schwarzen Haar nehmen." Ich argumentierte, es sei genug, dass die Mäusemäher hinter uns her seien, und wenn die Mäuse auch nur einen Funken Anstand hätten , sollten sie uns in Ruhe lassen.

Eine Zeit lang lief alles reibungslos und unsere Arbeit verlief erfreulich. Dann verließ mich mein Partner Keogh und Sean Hogan kam zu mir – dessen Leben in den nächsten fünf Jahren eng mit meinem verknüpft sein sollte.

Die beiden Seans und ich schienen einer Meinung zu sein – ich hatte bis zum heutigen Tag nie Meinungsverschiedenheiten mit Hogan und habe bis zu seinem Tod kein böses Wort mit meinem lieben alten Kameraden Sean Treacy gewechselt.

Während unseres Aufenthalts in O'Connells Haus gesellte sich Seumas Robinson zu uns, der später zum Abgeordneten für East Tipperary und Waterford gewählt wurde. Robinson, der einen Großteil seines Lebens in Glasgow verbracht hatte, wurde sofort ein enger Freund. Wir vier – Treacy, Hogan, Robinson und ich – schienen in Bezug auf Temperament, Alter, Einstellung und Hoffnungen vollkommen ausgeglichen zu sein. Wir schmiedeten viele ehrgeizige Pläne und träumten viele Träume vom Freien Irland, für das wir jetzt allein lebten und arbeiteten.

Nach ein paar Monaten kündigte uns Jer. O'Connell. Wir hatten keine Mieterrechte, keinen schützenden Parlamentsakt und keine andere Wahl, als auszuziehen. Da wir „auf der Flucht" waren, wagten wir es nicht, auf dem üblichen Weg nach einer Unterkunft zu suchen, selbst wenn wir Geld hätten, um zu bezahlen. Die Peelers kannten jeden Winkel ihres Bezirks und waren immer auf der Jagd nach Iren, von denen bekannt war, dass sie der englischen Herrschaft nicht viel abgewinnen konnten.

Aber das Glück kam uns zu Hilfe.

Einige Cousins von Sean Hogan hatten eine kleine Molkerei oder ein Nebengebäude, das sie uns normalerweise zur Verfügung stellten. Hier genossen wir den Luxus von Bett, Kleidung und anderen kleinen Annehmlichkeiten, aber unsere Mahlzeiten waren selten und weit auseinander. Ich selbst lebte zwei Wochen lang in der „Molkerei" von in Wasser gekochtem Reis, ohne Zucker oder Milch. Dieses enthaltsame Leben war für mich nichts Neues. Während meiner Organisation fastete ich monatelang von Frühstück zu Frühstück und so manche Nacht lief ich zwanzig Meilen, um ein Bett zu bekommen oder sogar eine Erpressung zu bekommen.

Die „Molkerei" entging nicht der Aufmerksamkeit des Feindes, der ihr später den Namen „The Tin House" gab.

Der Geldmangel war für uns eine große Belastung; nicht unbedingt für persönliche Annehmlichkeiten, die uns selten plagten, sondern um uns fortzubewegen.

Einmal fuhren Sean Treacy und ich mit dem Fahrrad nach Dublin, um Waffen zu holen. Wir hatten kein Geld für die Zugfahrkarte und mussten unbedingt an einem bestimmten Montagabend um 18 Uhr in Dublin sein. Für Sonntagabend war eine Brigaderatssitzung angesetzt, an der wir teilnehmen mussten. Das bedeutete, dass wir Tipperary erst am Montagmorgen um 8 Uhr verlassen konnten. Wir legten die 110 Meilen zurück und erreichten Dublin rechtzeitig. Natürlich waren wir sehr hungrig, aber als wir das Haus unseres guten Freundes Phil Shanahan erreichten – selbst ein Mann aus Tipperary und später republikanischer Abgeordneter für Dublin –, verschwanden alle unsere Sorgen. Von da an und danach fehlte es uns nie an etwas, solange Phil da war.

Wir mussten bis zum folgenden Samstag in Dublin bleiben, bevor wir unsere Geschäfte abschließen konnten. Hier ergab sich eine weitere Schwierigkeit. Wir mussten am selben Samstag um 18 Uhr zu einer Offiziersversammlung nach Tipperary zurückkehren. Wir verließen Phil Shanahans Haus um 8.30 Uhr morgens. Wir hatten sechs Revolver, fünfhundert Schuss .303 (Gewehr-)Munition und ein halbes Dutzend Granaten dabei und waren die einzigen beiden, die pünktlich zur Versammlung kamen.

KAPITEL V.
DER POLITISCHE ERDLURSCH.

Im Dezember 1918 kam es zu dem Ereignis, das den Irish Volunteers die moralische Anerkennung für ihre nachfolgenden Aktivitäten gab: die Parlamentswahlen.

Es ist wichtig, die damalige Situation im Auge zu behalten. In Irland hatte es seit sieben Jahren keine Parlamentswahlen mehr gegeben. In dieser Zeit hatte die überwiegende Mehrheit der Bevölkerung ihre Ansichten völlig geändert. Sie hatten kein Vertrauen mehr in England oder in die Wirksamkeit der Entsendung ihrer hundert Vertreter ins britische Parlament, wo sie eine hilflose Minderheit waren und ihre Stimmen kaum gehört wurden. Englands Verrat in der Home- Rule-Frage und seine Drohung mit der Wehrpflicht hatten England teuer zu stehen kommen müssen. Aber die größte Kraft bei diesem Erwachen war der Aufstand von 1916. Diese Episode hatte dem Volk neues Leben und neues Herz eingehaucht. Die Nachwahlen, auf die ich bereits hingewiesen habe, hatten dem Volk die bis dahin einzige Gelegenheit geboten, seinen wachsenden Wunsch nach vollständiger und ungehinderter Freiheit zu bekunden.

Am 11. November 1918 endete der Große Krieg praktisch mit dem Waffenstillstand. Eine Woche später wurde bekannt gegeben, dass die lange verzögerten Parlamentswahlen für den 14. Dezember angesetzt wurden. Sinn Féin bekam seine Chance, denn diese Wahl war die erste, die jemals unter der britischen Verfassung auf der Grundlage des Männerwahlrechts abgehalten wurde, und wir wussten genau, dass die jungen Männer Irlands mit überwältigender Mehrheit für unsere Sache stimmen würden.

Aber wir mussten aufklären und organisieren. Der Name und die Politik von Sinn Fein wurden immer noch völlig missverstanden. Die Öffentlichkeit erkannte den Unterschied zwischen der politischen Organisation Sinn Fein und der militärischen Organisation – den Irish Volunteers – nicht klar. Der Aufstand von 1916 wurde allgemein als „Sinn Fein Rising" bezeichnet, und unsere Volunteers wurden als „Sinn Fein Volunteers" bezeichnet. Sogar die republikanische Trikolore – das Grün, Weiß und Orange der Young Ireland Party von 1848 und der Fenians der nächsten Generation – wurde als „Sinn Fein Flag" bezeichnet. Aber diese falschen Bezeichnungen störten uns nicht sehr, denn die Sinn Fein-Organisation hatte ihr Programm den republikanischen Idealen angepasst. Und jetzt, wo in jeder Gemeinde Sinn Fein-Clubs entstanden, war es ganz normal, dass der Präsident oder der Sekretär des Clubs auch Kapitän des örtlichen Freiwilligenkorps war. Die Mehrheit der jüngeren Männer in der politischen Organisation von Sinn Fein waren ebenfalls Volunteers; und die Volunteers waren auch Mitglieder des Sinn Fein-Clubs.

Während der Wahlperiode drehten die Leute im Sinn-Fein-Rummel durch. Wir hatten die meisten Geistlichen auf unserer Seite, und die Ernsthaftigkeit und Begeisterung unserer Redner und Organisatoren erfasste das ganze Land. Der politische Flügel der republikanischen Sache breitete sich wie ein Lauffeuer aus, aber unsere Armee schrumpfte allmählich. Während wir diesen Verfall auf militärischer Seite beklagten, sahen wir die Notwendigkeit, die Wahlen zu einem enormen Erfolg zu machen, in der Hoffnung, unsere Armee nach den Wahlen wieder auf ihre angemessene Stärke zu bringen. Also stürzten wir uns mit Leib und Seele in den Wahlkampf und arbeiteten Tag und Nacht für die republikanischen Kandidaten. Wir ließen keine tote Mauer oder Kreuzung im Land zurück, die wir nicht mit Appellen wie „Schließt euch Sinn Féin an", „Wählt die Republik", „Steht den Männern von 1916 bei" geschmückt hätten. Das waren die Aufrufe, die während dieser wenigen kritischen Wochen an die Leute gerichtet wurden. Aus unserer Politik machten wir kein Geheimnis. Jeder Republikaner verpflichtete sich, nie seinen Sitz im britischen Parlament einzunehmen, sondern zu Hause in Irland für die Errichtung und Anerkennung der Republik zu arbeiten.

Wir haben jede Menge Spaß aus der Wahl verbannt. Leider sind viele derer, die damals am härtesten gearbeitet haben, inzwischen unter der Erde verschwunden. Zu unseren Arbeitern in Tipperary gehörten Dinny Lacy, der während des Bürgerkriegs in seiner Heimatgrafschaft getötet wurde; Sean Duffy und Paddy Maloney (dessen Vater unser erfolgreicher Kandidat war), die später bei einer Auseinandersetzung mit den Briten unweit von Soloheadbeg getötet wurden; Sean Allen, der von den Briten im Gefängnis von Cork hingerichtet wurde; „Sparkie" Breen, der ebenfalls im Bürgerkrieg getötet wurde. Aber diese Erinnerungen dienen nur dazu, uns daran zu erinnern, wie viele gute Kerle wir verloren haben. Jedenfalls haben wir in Munster alle Sitze gewonnen, außer Waterford City. Leinster und Connaught schnitten ebenso gut ab, und in Ulster gewannen wir mehrere Sitze. Das Nettoergebnis war, dass von den einhundertfünf Wahlkreisen 73 die britische Herrschaft ablehnten und sich für eine irische Republik entschieden.

Einen Monat später, am 21. Januar 1919, trafen sich diese gewählten Vertreter der überwiegenden Mehrheit des irischen Volkes zu einer öffentlichen Sitzung in Dublin, riefen offiziell die Republik aus und setzten eine Regierung ein . Am selben Tag und fast zur selben Stunde führte unsere kleine Handvoll Freiwillige den ersten Schlag seit der formellen Ablehnung der britischen Autorität durch das Volk. Aber lassen Sie mich erklären, wie es dazu kam.

SZENE DES SOLOHEADBEG-HINTERHALTS.

Nach der Wahl hatten wir mehr Zeit, unsere Position zu überdenken. Die Ergebnisse hatten die Luft gereinigt; das Volk hatte uns mit einem überwältigenden Urteil die moralische Zustimmung gegeben, die britischen Streitkräfte aus Irland zu vertreiben. Aber die Wahlarbeit hatte schwerwiegende Auswirkungen auf unsere Armee. Viele hatten aufgehört, Soldaten zu sein, und waren Politiker geworden. Es bestand die Gefahr des Zerfalls, eine Gefahr, die gewachsen war, seit die Bedrohung durch die Wehrpflicht einige Monate zuvor verschwunden war. Ich war überzeugt, dass etwas unbedingt unternommen werden musste. Immer wieder diskutierte ich die Angelegenheit mit Sean Treacy. Ich wusste, wenn wir ihnen einmal den Weg zeigten, gab es viele gute Kerle, auf die wir uns verlassen konnten. Früher als wir erwarteten, kam die Gelegenheit.

Ich möchte meinen Lesern den ersten authentischen Bericht über die Affäre vorstellen, die als „Der Soloheadbeg-Ausbruch" bekannt ist, oder, wie die feindselige Presse sie beharrlich betitelte, „Die Soloheadbeg-Morde". Wer die Zeitungsberichte über unseren Kampf mit England liest, muss bedenken, dass jede Zeitung in Irland unserer Politik feindlich gegenüberstand und dies bis zum Ende blieb, obwohl einige von ihnen im Verlauf des Feldzugs ihre Verbitterung uns gegenüber verloren. Man muss auch bedenken, dass die britische Pressezensur in Irland sogar noch nach dem Ende des „Großen Krieges" über ein Jahr lang anhielt.

KAPITEL VI.
SOLOHEADBEG.

Anfang Januar 1919 erhielten wir die Information, dass eine Menge Sprengstoff zum Soloheadbeg-Steinbruch transportiert werden sollte, um dort Sprengungen durchzuführen. Wir wussten, dass die Lieferung von bewaffneten Polizisten bewacht werden würde, wie es damals üblich war.

Ich sprach mit Sean darüber. „Das ist unsere Chance", sagte ich, „lasst uns bald mit dem Krieg beginnen, sonst verliert die Armee den Mut." Ich wusste, dass wir nur eine sehr kleine Anzahl von Männern hatten, die entschlossen genug für eine solche Aufgabe waren, aber ich wusste auch, dass ihre Zahl mit der Zeit zunehmen würde; und in jedem Fall ist es die Qualität, nicht die Quantität, die im Guerillakrieg zählt.

Wir diskutierten lange über den Vorschlag. Schließlich beschlossen wir, die Wache zu entwaffnen und den Sprengstoff zu beschlagnahmen, denn wie Sean sagte, brauchten wir zu diesem Zeitpunkt nichts dringender als Waffen und Sprengstoff. Wir erkundeten die Gegend sorgfältig. Wir wählten den Ort für unseren ersten Hinterhalt aus. Wir kannten jeden Zentimeter des Geländes, wir waren in der Gegend geboren und aufgewachsen, und Seans eigenes Bauernhaus war nur einen Steinwurf vom Steinbruch entfernt.

Soloheadbeg ist eine kleine Ortschaft etwa zweieinhalb Meilen von Tipperary und weniger als eine Meile von Limerick Junction entfernt. Der Steinbruch steht auf einer Anhöhe an einer kleinen Nebenstraße. In der Umgebung stehen vereinzelt Bauernhäuser und Landhäuser, obwohl kein Dorf näher liegt als Donohill, anderthalb Meilen entfernt. Auf dieser Ebene, die im Süden von der gigantischen Gestalt von Galteemore überschattet wird, kämpften Brian Boru und sein Bruder Mahon 968 ihre erste große Schlacht gegen die Dänen, als Brian mit seiner tapferen Armee aus Männern aus Tipperary und Clare die Invasoren in die Flucht schlug und die Verfolgung nicht aufgab, bis er Limerick erreichte, das zwanzig Meilen entfernt liegt, und die Stadt über ihren Köpfen niederbrannte. Der rechte Flügel seiner Armee fegte über die Hügel, auf denen heute der Steinbruch steht, während die besiegten Dänen in ihre Festung flohen.

Der Steinbruch selbst liegt rechts, am Ende der kleinen Nebenstraße. Auf beiden Seiten der Straße, über die man von Tipperary aus dorthin gelangt, verläuft ein hoher Graben, und hier und da bieten dichte Weißdornbüsche zusätzlichen Schutz. Ich sollte erklären, dass das, was wir in Tipperary einen „Graben" nennen, eigentlich ein Wall oder Deich ist.

Leider waren unsere Angaben zum Ankunftsdatum des Sprengstoffs nicht ganz korrekt. Wir erwarteten ihn am 16. Januar, er traf jedoch erst fünf Tage später ein. Während dieser fünf Tage warteten wir in Bereitschaft auf den Anschlag. Unsere Männer hatten ihre Häuser verlassen, ohne ihre Pläne anzugeben. Nach drei Tagen musste ich alle bis auf acht nach Hause schicken. Wir hatten weder Proviant , um sie zu ernähren, noch Geld, um Proviant zu kaufen.

Und so beobachteten und warteten wir neun, die zurückblieben. Die Männer, die bei mir waren, waren Sean Treacy, Seumas Robinson, Sean Hogan, Tim Crowe, Patrick O'Dwyer aus Hollyford, Michael Ryan aus Grange (Donohill), Patrick McCormick und Jack O'Meara aus Tipperary.

Während dieser Tage des Wartens war es unsere Hauptsorge, keine Aufmerksamkeit zu erregen. Wir wollten von keinem der Leute in der Gegend gesehen werden. Diese waren fast alle im Steinbruch beschäftigt, und da die Zeiten damals unruhig genug waren, hätte jede Meldung, dass Fremde in der Nachbarschaft herumlungerten, unsere Pläne völlig durchkreuzen können. Jeden Morgen vor Tagesanbruch gingen wir so geräuschlos wie möglich zu unserem Versteck, um dort in Deckung zu bleiben, aber immer auf der Hut zu sein, während einer von uns als Späher von der Nebenstraße zur Hauptstraße von Tipperary fungierte, auf der die Schäler zwangsläufig herankommen würden. Dort warteten wir schweigend bis 14 Uhr und verließen dann unsere Position, da wir wussten, dass sie nicht später kommen würden, da sie gerne vor Einbruch der Dunkelheit wieder in der Stadt sein wollten. Wir verbrachten die Nacht in meinem eigenen Haus, wo meine Mutter jeden Morgen gegen 4 Uhr das Frühstück zubereitete. Am fünften Morgen erklärte sie: „Wenn du heute nichts tust, kannst du dir morgen selbst dein Frühstück holen."

Endlich kam der schicksalshafte Morgen des 21. Januar 1919, der Tag, an dem sich unser Land über die erste Sitzung des irischen Parlaments freuen konnte, das erste Dáil Éireann, das die Regierung der Republik einsetzte und seine Botschaft an die freien Nationen der Erde sandte.

Wir hatten unseren Platz hinter dem Graben eingenommen und viele ermüdende Stunden mit Warten und Beobachten verbracht. Wir unterhielten uns in aller Ruhe über das große Ereignis, das an diesem Tag in Dublin stattfinden sollte. Unser Späher war weg und hatte den Blick auf die Straße nach Tipperary gerichtet . Plötzlich wurde unser Gespräch von unserem Späher unterbrochen. Er stürzte von seinem Beobachtungsposten auf uns zu, seine Augen funkelten im Licht der Schlacht und ein grimmiges Lächeln auf seinem Gesicht, und flüsterte die Warnung : „ Sie kommen, sie kommen!"

Jeder Mann kannte seinen Posten. Tagelang hatten wir an nichts anderes gedacht als an die Lage, in der wir uns jetzt befanden. Wenn einer von uns nervös oder aufgeregt war , ließ er sich das kaum anmerken. Blitzschnell besetzte jeder Soldat seinen Posten. Unsere Stunde der Prüfung war gekommen; wir mussten dem Feind gegenübertreten, und es ging um Leben oder Tod. Und nebenbei eröffnete sich eine neue Phase im langen Kampf um die Freiheit unseres Landes.

Unser Späher war wieder in Alarmbereitschaft und kehrte erneut zurück, um Bericht zu erstatten. Diesmal gab er uns die genaue Entfernung an und nannte uns ihre Nummer.

Immer näher kommen sie. In der noch klaren Luft hören wir das Geräusch der Pferdehufe und das Rumpeln eines schweren Karrens über die holprige, hügelige Straße.

An diesem Tag war ich nicht so gelassen, wie ich es später versucht hatte. Meine Nerven waren völlig angespannt. Ich war mir darüber im Klaren, was wir taten, und ich sah die Folgen voraus, ob unsere Pläne erfolgreich waren oder nicht.

Wir standen Männern gegenüber, die im Umgang mit Feuerwaffen ausgebildet und speziell für Notfälle wie diesen geschult waren. Höchstwahrscheinlich hatten sie gerade erst den Spezialkurs im Bombenwerfen absolviert, der kürzlich zu den Leistungen des RIC hinzugefügt worden war. Meine kleine Truppe hatte wenig Erfahrung im praktischen Umgang mit Feuerwaffen. Wir waren nie in der Lage gewesen, eine Kugel aus einer Kugelpatrone zum Üben abzufeuern. Wir hatten uns oft gegenseitig über diesen Mangel an Erfahrung geärgert und scherzhaft auf die wahrscheinlichen Folgen hingewiesen, wenn unsere Nerven im Ernstfall nervös würden. Aber wir schoben diese unbegründeten Ängste immer beiseite und bewahrten nach außen ein ruhiges und fröhliches Verhalten und trösteten uns mit dem Gedanken: „Wir sind sowieso Iren, und alle Iren sind von Natur aus Kämpfer."
Doch nun war die Stunde gekommen. Von meinem Aussichtspunkt aus warf ich einen hastigen Blick die Straße hinunter, als die Gruppe näher kam. Der Fahrer und der Mitarbeiter des County Council, der den Sprengstoff übernehmen sollte, gingen neben den Pferden her. Zwei Polizisten in ihren schwarzen Uniformen waren ebenfalls zu Fuß unterwegs und trugen Gewehre in den Händen. Sie standen ein Stück hinter dem Wagen.
Noch einen Augenblick zuvor rauschte das Blut wie wild durch meine Adern; jetzt, als ich sie tatsächlich in der Nähe sah, verschwand meine ganze Nervosität, und ich fühlte mich wieder kühl und stark. Ich glaubte, ich könnte ein Dutzend dieser feindlichen Streitkräfte ganz allein bekämpfen. Denn die Männer, die sich jetzt näherten, hatten ihr Land verlassen und waren Spione und Söldner ihres Feindes. Sie kamen noch näher. Sie redeten leise. Sie standen fast im Schatten unserer Revolver.

„Hände hoch!", ertönt der Ruf unserer Männer wie aus einem Mund. „Hände hoch!" Aber nein! Sie ergreifen ihre Gewehre und bringen sie mit der besten militärischen Bewegung in Bereitschaft. Sie waren auch Iren und würden lieber sterben als sich zu ergeben.

Immer wieder forderten wir sie auf, die Hände zu heben. Uns wäre es lieber gewesen, sie hätten sich ohne Blutvergießen ergeben, aber sie waren hartnäckig und stur, und nun ging es um unser Leben oder ihres.

Sie hatten die Finger am Abzug. Ein weiterer Appell unsererseits wäre nutzlos – vielleicht sogar zu spät für uns selbst.

Schnell und sicher feuerten wir Salven ab. Das Ziel war richtig. Die beiden Polizisten waren tot.

KAPITEL VII.
UNSERE FLUCHT.

Jetzt begann unsere wirklich aufregende Karriere. Wenn wir die Polizei entwaffnet hätten, ohne einen einzigen Schuss abzugeben, wäre die Sache nicht so schlimm gewesen. Aber die Schüsse hatten die Gegend in Angst und Schrecken versetzt. Im Nu würden Männer und Frauen an jeder Tür erscheinen. Am Straßenrand standen die beiden verängstigten Zivilisten, James Godfrey, der Fahrer des Wagens, und Patrick Flynn, der Angestellte des County Council. Innerhalb einer Stunde würden Hunderte Polizisten und Militärs die Gegend nach uns absuchen. Von da an war mir klar, dass wir geächtete Rapparees sein würden, auf deren Kopf ein Kopfgeld ausgesetzt war.

Aber es war Zeit zum Handeln. Wir beschlagnahmten die Gewehre und die Ausrüstung der Polizei, bestiegen den Karren und fuhren mit unserer Beute davon. Der Karren enthielt mehr als einen Zentner Sprengstoff, aber dreißig elektrische Zünder, die Flynn in seiner Tasche hatte, entgingen uns, wie wir eine Woche später erfuhren.

Noch nie wurde ein armes Pferd dazu aufgefordert, bei einem Rennen um Leben und Freiheit so tapfere Dienste zu leisten. Sean Hogan hielt die Zügel; Sean Treacy und ich saßen dahinter. Die anderen aus der Gruppe hatten den Befehl erhalten, in verschiedene Richtungen zu fliehen, und alle konnten entkommen.

Wir brausten weiter und trieben unser armes Pferd zu immer schnellerem Tempo an, während Schulkinder und Landarbeiter uns staunend zusahen.

Wir fuhren nach Donaskeigh. Während eines großen Teils unserer Reise wurde kein Wort gesprochen. Treacy war der erste, der das Schweigen brach. Er sprach in demselben kühlen Tonfall, den er verwendet hätte, wenn er um ein Feuer gesessen und über ein Kartenspiel geredet hätte.

„Weißt du noch, Dan, als wir über Sprengstoffe gelesen haben? Im Buch steht, dass sie gefährlich sind, wenn sie gefroren sind oder Stößen ausgesetzt werden?"

Diese Erinnerung trug nicht gerade zu unserer inneren Ruhe bei, denn wenn Sprengstoff jemals einen Schlag abbekam, dann war es bei unserem der Fall. Die Straße war holprig und uneben; Haufen von losen Steinen lagen verstreut auf dem Weg; der Karren war ein gewöhnlicher Bauernhofwagen , schwer und grob gebaut und ohne Federn.

Aber wir mussten weiter, bis wir die Stelle erreichten, an der wir unsere Beute verstecken wollten. Dort deponierten wir schnell die Sprengladung, bis auf zwei Stöcke, die ich als Lockvogel aufbewahrte. Diese warf ich an den Straßenrand, an die Stelle, wo wir schließlich das Pferd zurückließen. Monatelang später liefen Polizisten und Soldaten Tag für Tag über unseren Unterstand, entdeckten ihn aber nie. Sie waren durch die beiden losen Stöcke getäuscht worden und hielten sich warm, indem sie im ganzen Land Gräben aushoben, aber ihre Suche war vergebens.

Beute versteckt hatten, begannen unsere Probleme. Das arme alte Pferd konnte nicht weiter. Außerdem wollten wir es nicht viel länger behalten, denn es würde dem Feind nur einen Hinweis liefern, mit dem er uns später auf die Spur kommen könnte. Wir ließen es am Straßenrand zurück und machten uns auf den Weg. Ein paar Stunden später wurde diese Gegend von khakifarbenen Gestalten gesichtet, denn das Pferd wurde an diesem Abend an der Aileen Bridge gefunden, etwa vier Meilen von Tipperary entfernt an der Hauptstraße nach Thurles.

Jetzt bahnten sich Schwierigkeiten vor unseren Augen an. Tipperary war nicht mehr sicher. Das Wetter spielte gegen uns. Wir waren müde von der Aufregung des Tages und der Spannung der Tage zuvor, aber an Ruhe war für uns noch lange nicht zu denken. Das Wetter war bitterkalt, und zu allem Überfluss begann es zu schneien. Das machte unsere Schwierigkeiten nicht nur schlimmer, sondern es bestand auch die Gefahr, dass man uns leicht aufspüren konnte, wenn der Schnee liegen blieb .

Bei Ryan's Cross, in der Nähe der Aileen Bridge, ließen wir das Pferd zurück. Dann bogen wir nach rechts ab. Zuvor waren wir nach Norden gegangen, aber jetzt gingen wir nach Südosten und allmählich nach Süden, wo die Galtee Mountains über uns aufragten. Wir wanderten vierzig Meilen über diese Berge und Täler, denn wie viele vor uns hatten wir das Gefühl, dass sie uns Hoffnung und Schutz bieten würden. Seit Geoffrey Keating seine berühmte *Geschichte schrieb* , als ein Kopfgeld auf ihn ausgesetzt war, waren die Galtee Mountains und das Glen of Aherlow in all den Jahrhunderten die erste Zuflucht der Schwerverbrecher aus Tipperary.

Wir hatten vier Meilen zurückgelegt, nachdem wir das Pferd verlassen hatten, als wir unsere erste Rast bei Mrs. Fitzgerald in Rathclogheen, in der Nähe von Thomastown, einlegten. Dort hatten wir unsere erste ordentliche Mahlzeit, seit meine Mutter uns am frühen Morgen Frühstück gegeben hatte, und wir genossen den Schinken und die Eier und den Tee, den uns unsere Gastgeberin vorsetzte, von ganzem Herzen. In diesem Haus wurde unser berühmter Landsmann, Pater Mathew, geboren.

Aber wir konnten keine Zeit zum Verweilen verschwenden; wir hatten noch viele Meilen zwischen uns und Soloheadbeg zurückzulegen. Wir setzten unsere Reise in Richtung der Berge fort. Bei Keville's Cross überquerten wir die Cahir und Tipperary Road. Die Kälte war bitter und der Wind durchdringend. Die einzigen anderen Lebewesen, die wir im Freien sahen, waren zwei Bergziegen, die in der Nähe der Kreuzung zusammengebunden waren. Danach verloren wir mehrmals unseren Weg. Wir wagten es nicht, bei einem seltsamen Bauernhaus am Wegesrand vorbeizuschauen, denn damals hatten die Leute noch nicht gelernt, den Mund zu halten. Einmal fiel Sean Treacy in einen etwa sechs Meter tiefen Abfluss und wir dachten, er sei tot. Als wir ihn herausholten, stellten wir fest, dass er durch den Sturz kaum geschwächt war, und er versicherte uns, er würde noch einen Schuss abfeuern, bevor er sein Gewehr abgab. Wir setzten unsere Reise in Richtung Gipfel fort. Einmal, als wir das Tal durchquert und die schroffen Hänge von Galteemore von der Tipperary-Seite aus erklommen hatten, verloren wir auf dem Gipfel die Orientierung. Im Hochsommer ist es auf Galteemore ziemlich kühl. Sie können sich vorstellen, wie wir uns an diesem Abend im tiefsten Winter fühlten. Wir hatten drei Stunden für den Aufstieg gebraucht, aber nach all unseren Anstrengungen wanderten wir zurück zu den beiden Ziegen – zurück zu unserem Ausgangspunkt. In unserer Verzweiflung gaben wir jede Hoffnung auf, den Berg zu überqueren. Wie Sean Hogan damals sagte: „Dichter können in bequemen Sesseln vor dem Kamin über die Schönheit der Berge schreiben, aber wenn sie sie wie wir hungrig und frierend besteigen müssten, wären sie nicht in der Stimmung, die Schönheit der Natur zu würdigen."

Als wir nach Keville's Cross zurückkehrten, beschlossen wir einen neuen Plan. Wir überquerten die Eisenbahnlinie und beschlossen, uns Richtung Cahir zu begeben. Wir hatten Glück, dass wir das taten. Wir waren noch nicht viele Meilen die Linie entlang gefahren, als wir die Lichter der Militärlastwagen sahen, die die Straßen nach uns absuchten. Wären wir unten auf der Straße gewesen, hätten wir ihnen nie ausweichen können.

Eine Eisenbahnstrecke ist selbst unter normalen Umständen eine ermüdende Straße. Für uns in unserer Lage war sie in dieser Nacht grausam. Aber wir mussten weiter. In der dichten Dunkelheit sah ich ein paar Schritte vor mir eine schwarze Gestalt. Ich ging vorn und legte sofort meinen Revolver an und befahl „Hände hoch!" Die Gestalt blieb reglos, sie war anscheinend auf meinen Befehl hin stehen geblieben. Ich ging mit noch immer angelegter Waffe weiter und stieß auf ein Bahnschild mit der Warnung „Eindringlinge werden strafrechtlich verfolgt". So unglücklich wir auch waren, die Jungs lachten über meinen Fehler und ich musste mit ihnen lachen.

Etwas weiter bat uns Sean Hogan, kurz anzuhalten, da sich sein Stiefel locker anfühlte. Sean Treacy band die Schnürsenkel, aber er kam nicht viel weiter, bis er sich erneut beschwerte, dass er locker sei. Sean blieb stehen, um ihn zu untersuchen, und stellte fest, dass der ganze Stiefel von den Steinen und

Felsbrocken praktisch abgenutzt war. Nur ein Stück Sohle und der geschnürte Teil des Schafts waren noch übrig.

Die ganze Zeit versuchte Sean Treacy, unsere Stimmung zu trüben. Wir fragten ihn mehrmals, wie weit es noch nach Cahir sei, und bekamen immer die Antwort: „Die nächste Abzweigung der Straße." Natürlich hatte er recht, aber da die Straße und die parallel verlaufende Eisenbahnlinie auf einer Strecke von drei Meilen eine fast schnurgerade Linie bilden, war die nächste Abzweigung weit entfernt. Ab und zu waren wir so erschöpft, dass wir uns hinstellten und unsere Köpfe an den Graben neben der Eisenbahn lehnten, um fünf Minuten lang zu schlafen – oder was wir uns als Schlaf einredeten.

Endlich erreichten wir Cahir. Wir waren jetzt so nahe am absoluten Zusammenbruch, wie es nur möglich ist. Wir wurden langsam verzweifelt. Zum ersten Mal mussten wir diese äußere Kühle annehmen und dieses Risiko eingehen, das später fast Teil unserer täglichen Routine wurde. Wir gingen direkt durch die Stadt Cahir, eine Garnisonsstadt an der Hauptstraße von Limerick nach Clonmel und Waterford und nur fünfzehn Meilen von Soloheadbeg entfernt. Aber wir mussten das Risiko eingehen. Unser Blut war vor Kälte fast geronnen, wir waren ausgehungert und hatten kaum noch Leben in uns. Aber wir kannten eine gute Freundin, auf die wir uns für eine Nachtunterkunft verlassen konnten. Diese Freundin war Mrs. Tobin aus Tincurry House in der Nähe von Cahir. Ich werde nie vergessen, wie freundlich sie uns in dieser Nacht und später anderen Jungen gegenüber war. Die Briten bombardierten und zerstörten das Haus später bei Tageslicht als „offizielle Vergeltung" für die Erschießung von Distriktinspektor Potter, ein Vorfall, auf den ich in einem späteren Kapitel eingehen werde.

Wir konnten das erste Mal seit einer Woche wieder zu Bett gehen. Uns dreien ging es genauso. Aufregung, Kälte und Erschöpfung machten es uns unmöglich zu schlafen. Aber wir lagen vier Stunden lang schlaff da und konnten so unseren müden Gliedern etwas Ruhe gönnen .

Wir standen voller Aufregung auf, um die Neuigkeiten zu hören. Seit wir Soloheadbeg verlassen hatten, hatten wir mit niemandem gesprochen und keine Zeitung gesehen. Tatsächlich gab es, genau wie erwartet, große Schlagzeilen, die diesen „Tipperary-Gau", „furchtbares Verbrechen", „Mord an zwei Polizisten" und dergleichen verkündeten. Wir sahen auch einen Bericht über die Untersuchung der toten Männer, Constable McDonnell und O'Connell. Die meisten Nachrichten über den Vorfall waren absolut falsch, wie es später oft der Fall war. Wir erfuhren auch, dass zwei junge Männer unter Verdacht verhaftet worden waren, aber keiner von ihnen hatte etwas mit der Angelegenheit zu tun, und sie wurden nach ein paar Tagen freigelassen. Zwei Schuljungen aus der Gegend, Matthew Hogan, fünfzehn Jahre alt, ein Bruder von Sean, und Timothy Connors, elf Jahre alt, wurden ebenfalls von den Briten verhaftet, da sie uns angeblich gesehen hatten. Der Vater des Jungen Connors war Arbeiter auf der Farm von Sean Treacys Mutter gewesen. Beide Jungen wurden monatelang festgehalten, um sie zur Herausgabe von Informationen zu bewegen. Im Fall von Connors kam es zu einem großen Gerichtsverfahren, das mit einem Urteil gegen den Kommandanten des RIC-Hauptquartiers wegen illegaler Inhaftierung endete.

POLIZEIMITTEILUNG.

1000 £ BELOHNUNG

WEGEN MORDES IN IRLAND GESUCHT.

DANIEL BREEN

(nennt sich selbst Kommandant der Dritten Tipperary Brigade).

Alter 27, 1,70 m groß, bronzefarbener Teint, dunkles Haar (vorne lang), graue Augen, kurze Spitznase, kräftiger Körperbau, Gewicht ca. 75 kg, glattrasiert; mürrisches Bulldoggenaussehen; sieht ein bisschen aus wie ein Schmied, der von der Arbeit kommt; trägt die Mütze tief ins Gesicht gezogen.

Die oben genannte Belohnung wird von den irischen Behörden an jede Person gezahlt, die nicht im öffentlichen Dienst steht und Informationen weitergibt, die zu ihrer Verhaftung führen.

Die Auskunft ist auf jeder Polizeidienststelle abzugeben.

SO 14591. (G. 40). 5.000. 11.20.—AT & Co., Ltd.

Inzwischen hatte unser Zwischenfall in Soloheadbeg seine ersten Auswirkungen gehabt. Südtipperary, also die Hälfte der Grafschaft, war zum „Militärgebiet" erklärt worden. Das bedeutete praktisch Kriegsrecht. Messen, Märkte und Versammlungen wurden verboten; militärische Verstärkungen wurden in aller Eile in den Bezirk geschickt und Garnisonen in Dörfern errichtet, die noch nie zuvor einen britischen Soldaten beherbergt hatten. Tag und Nacht patrouillierten sie auf den Straßen und durchkämmten die Felder. Unsere kleine Truppe hatte England entlarvt. Jetzt musste es in die Öffentlichkeit treten und der Welt zeigen, dass es Irland mit nackter Gewalt und nur mit Gewalt hielt.

Wir erfuhren auch, dass für alle Informationen, die zu unserer Ergreifung führen würden, eine Belohnung von 1.000 Pfund ausgesetzt war. Einige Monate später wurde dieses Angebot auf 10.000 Pfund erhöht. Niemand verdiente die Belohnung und versuchte auch nicht, sie zu verdienen, außer ein paar Mitgliedern des RIC. Sie scheiterten und die meisten von ihnen versuchten es kein zweites Mal.

Dies sind die schlichten, ungeschminkten Fakten über die ersten Schüsse, die nach dem Aufstand von 1916 abgefeuert wurden. Diese Schüsse waren die ersten einer Reihe, die Irlands Namen erneut ins Bewusstsein der Welt rücken und die Nationen dazu bringen sollten, Irlands Kampf für die Freiheit mit Bewunderung zu verfolgen.

KAPITEL VIII.
HILFE DER BRITISCHEN.

Wir verbrachten zwei Nächte im Haus von Mrs. Tobin. Dann gingen wir zu Ned McGrath in Tincurry und von dort brachte uns Ned zu Gorman in Burncourt Castle. Dann verabredeten wir uns zu Ryan in Tubrid und ließen ausrichten, dass sie uns erwarten würden. Aber nachdem wir Bescheid gegeben hatten, änderten wir unsere Meinung und gingen nicht nach Tubrid; und das war unser Glück – oder das Glück für jemand anderen. Gerade zu der Zeit, als wir dort zu sein erwarteten, wurde das Haus von acht Schälern umstellt und Ryan selbst wurde verhaftet.

Wir beschlossen, weiter nach Mitchelstown in der Grafschaft Cork am anderen Ende der Galtees zu fahren. Wir verbrachten eine Nacht bei O'Brien in Ballagh, und während wir dort waren, geschah etwas Seltsames. Wir schliefen gerade oben, als uns seltsame Stimmen weckten. Wir schauten hinaus und sahen, wie mehrere Hundebesitzer gerade das Haus betraten. Wir machten uns sofort auf einen Kampf gefasst, da wir jeden Moment damit rechneten, sie die Treppe heraufkommen zu sehen. Aber sie kamen nicht. Nach ein paar Minuten verschwanden sie. Dann erfuhren wir, dass der Grund ihres Besuchs darin bestand, festzustellen, ob der Hausbesitzer die Lizenz für seine Hunde bezahlt hatte.

Schließlich erreichten wir Mitchelstown, wo wir Christie Ryan trafen, der uns willkommen hieß und uns in seinem Haus Unterschlupf gewährte. Während wir dort waren , sahen wir acht bewaffnete Polizisten an der Tür vorbeigehen. Sie bewachten ein kleines Päckchen Sprengpulver. Offenbar hatte die Soloheadbeg-Affäre sie gelehrt, kein Risiko einzugehen, und nun hatten sie die Eskorte vervierfacht.

Später kamen wir nach East Limerick, wo uns Ned O'Brien aus Galbally unterbrachte, und dann reisten wir weiter zu den Maloneys in Lackelly, dem Schauplatz einer großen Schlacht mit den Briten zwei Jahre später. In Lackelly blieben wir etwa eine Woche.

Aber Sie müssen unsere Position seit der Affäre in Soloheadbeg verstehen. Wir befanden uns immer noch in einem Umkreis von zehn Meilen um den Tatort. Polizei und Militär durchkämmten die Gegend nach uns, durchsuchten Häuser, Gräben und Wälder. Die Geistlichkeit, die Öffentlichkeit und die Presse hatten unser Vorgehen verurteilt. Unser einziger Trost war der Gedanke, dass die Männer von 1998, die Fenians von 1967 und dann die Männer von 1916 zu ihrer Zeit ebenfalls verurteilt worden waren, und wir wussten, dass unsere Sache ebenso gerechtfertigt sein würde, wenn dem Volk die Schuppen von den Augen fielen, wie die Sache dieser Männer gerechtfertigt worden war. Zu diesem Zeitpunkt war jedoch kaum ein Wort zu unserer Verteidigung zu hören. Unserem Standpunkt wurde nicht einmal Gehör geschenkt. Das Volk hatte für eine Republik gestimmt, aber jetzt schien es uns im Stich gelassen zu haben, die versucht hatten, diese Republik näher zu bringen, und die es beim Wort genommen hatten.

Unsere ehemaligen Freunde mieden uns. Sie zogen den Salon als Schlachtfeld vor und die politische Lösung dem Gewehr als Waffe vor. Wir hatten das Evangelium der Freiheit gepredigt gehört; wir glaubten daran, wir wollten frei sein und wir waren bereit, unser Leben als Beweis für den Glauben zu geben, der in uns war. Aber diejenigen, die das Evangelium predigten, waren nicht bereit, es in die Tat umzusetzen.

Sogar von den Irish Volunteers oder der Irish Republican Army, wie sie heute heißt, erhielten wir keine Unterstützung. Ned O'Brien und James Scanlan aus Galbally, Paddy Ryan aus Doon und Davy Burke aus Emly standen uns zwar zur Seite, aber sie waren Ausnahmen.

Als die Nachricht von der Soloheadbeg-Affäre an die Öffentlichkeit gelangte, berief ein Mann, der eigentlich unser Freund hätte sein sollen, tatsächlich ein Treffen in die Stadt Tipperary ein. Sein Ziel war es, Sinn Fein von dem Vorfall zu distanzieren und uns für unsere Aktion anzuprangern. Das Treffen wurde jedoch von einem anderen prominenten Mann abgesagt. Ein örtlicher Geistlicher sagte in einer Predigt, in der er uns als Mörder anprangerte, dass es früher üblich sei zu sagen: „Wo Tipperary hinführt, folgt Irland", aber er hoffe, dass dies im Fall von Soloheadbeg nicht der Fall sei, denn die dafür verantwortlichen Männer würden, so sagte er, mit dem Kainsmal auf der Stirn ins Grab gehen. Solche Dinge wurden über uns gesagt, aber wir blieben unserem Kurs treu.

An vielen Orten wurde uns nachts, wenn man keinen Hund rausließ, kein Obdach gewährt. Ich erinnere mich an eine Gelegenheit, als wir in einem Bauernhaus am Kamin saßen, als es laut an der Tür klopfte. Es war dunkel, und der Bauer wollte nicht öffnen, ohne zu wissen, wer draußen war.

„Wer ist da?", fragte er.

„Polizei!", kam die prompte Antwort.

Gleichzeitig zogen wir unsere Revolver. Die Tür wurde geöffnet und ein junger Bauer aus der Nachbarschaft kam herein und lachte herzlich über seinen Scherzversuch. Bevor wir unsere Waffen wegstecken konnten, bemerkte sie der Hausbesitzer. Sofort änderte sich seine Haltung uns gegenüber. Er teilte uns unverblümt mit, dass er es nicht zulassen würde, dass Männer mit Waffen unter seinem Dach übernachten. Es war bitterkalt, aber wir mussten für die Nacht in eines der Nebengebäude gehen. Wir waren dort so durchgefroren, dass wir einige der Kühe hereintreiben mussten, um uns warm zu halten.

Wir mussten ohne einen Penny in der Tasche von Gemeinde zu Gemeinde ziehen. Unsere Kleider und Stiefel waren fast abgenutzt und wir hatten nichts zum Wechseln. Viele, denen wir zu vertrauen glaubten, ließen uns nicht einmal in ihren Viehställen schlafen.

Als wir das Dorf Dono in der Grafschaft Limerick erreichten – immer noch nur sieben Meilen von Soloheadbeg entfernt – trafen wir Seumas Robinson wieder, und ich muss wohl kaum sagen, dass unsere Freude über das Wiedersehen grenzenlos war. Obwohl wir uns erst vor ein paar Wochen nach dem Kampf bei Soloheadbeg getrennt hatten, fühlten wir uns alle wie Brüder, die sich nach Jahren der Trennung wiedersehen. Als wir uns trafen, setzten wir unseren Nachtmarsch Arm in Arm fort.

Während wir in dieser Gegend waren, erwies sich Paddy Ryan, ein bekannter lokaler Kaufmann und langjähriger Kämpfer für die Freiheit, als treuer Freund für uns. Mit Seumas, ebenfalls einer von uns, diskutierten wir die Aussichten und die Chancen, die Menschen zu einem „guten, offenen Kampf" gegen den alten Feind zu bewegen. Dann verfassten wir eine Proklamation, in der wir alle feindlichen Streitkräfte aus South Tipperary abziehen ließen. Wir schickten sie nach Dublin, aber weder An Dail noch das Hauptquartier erlaubten uns nicht, weiterzuziehen. Wir haben nie erfahren, warum sie das taten. Unsere Position war die einzig logische.

Ihre Unterstützung zu verweigern war schon ein schwerer Schlag genug – aber wie groß war unser Entsetzen, als wir herausfanden, dass jemand tatsächlich einen Plan ausgeheckt hatte, uns nach Amerika zu verfrachten! Wir wurden überhaupt nicht konsultiert, sondern ruhig angewiesen, in ein paar Tagen segelbereit zu sein. Das war sicher eine geschönte Pille! Ein getarnter Deportationsbefehl, herausgegeben von genau der Quelle, die uns, wenn sie konsequent blieb, im Krieg unterstützen sollte. Wir weigerten uns, Irland zu verlassen. Wir sagten ihnen, dass wir keine Angst vor dem Tod hätten, sondern lieber für Irland leben würden. Irland zu verlassen wäre wie ein Eingeständnis gewesen, dass wir Kriminelle oder Feiglinge waren. Jetzt erklärten wir mehr denn je, dass unser Platz in Irland sei und Irlands Kampf von Iren auf den Hügeln und an den Kreuzungen in Irland geführt werden müsse, nicht mit Druckerschwärze in Amerika oder in irgendeinem anderen Land. Dies wurde offenbar als Disziplinbruch angesehen. Wir waren Mitglieder einer organisierten Gruppe und sollten unseren Vorgesetzten gehorchen. Sie beharrten auf ihrem Plan, uns wegzuschicken, und wir weigerten uns ebenso hartnäckig, zu gehen. Schließlich siegten wir, aber nur unter der Bedingung, dass wir in einem abgelegenen Teil des Landes blieben. Wir waren der Meinung, dass wir auch diese Schwierigkeit sehr bald überwinden könnten.

Während diese kleinen Streitereien zwischen dem Hauptquartier und uns stattfanden, litten wir sehr. Das kalte Wetter und das ermüdende, ziellose Herumreisen waren sehr anstrengend für uns. Wir konnten kein Pferd finden, das uns auch nur ein paar Meilen weit tragen konnte. Wir mussten von Feld zu Feld stapfen, manchmal in die eine, manchmal in die andere Richtung. Schließlich begann die menschliche Natur sich durchzusetzen. Warum sollten wir so behandelt werden? War der Himmel an einem Ort nicht genauso schön wie an einem anderen?

Von Doon fuhren wir nach Upperchurch im Norden von Tipperary. Dort verbrachten wir ein paar Tage bei Patrick Kinnane, einem Mitglied einer Familie berühmter irischer Sportler. Als nächsten Rastplatz beschlossen wir, Meagher's in Annfield zu wählen. Wir ließen ausrichten, dass wir voraussichtlich um halb acht abends eintreffen würden, wenn es schon ganz dunkel wäre. Wir vier gingen in Begleitung von Patrick Kinnane die Straße entlang, plauderten und genossen die kühle Frühlingsluft. Wir müssen uns unterwegs Zeit gelassen haben, denn Treacy sah auf seine Uhr und erinnerte uns daran, dass wir überfällig waren, denn es war jetzt fast acht Uhr. Plötzlich sahen wir in der Ferne etwas Weißes in der Dunkelheit flattern. Wir blieben stehen. Es war das Zeichen eines Mädchens, das unsere Aufmerksamkeit erregen wollte.

Wir vier versteckten uns hinter einer dichten Hecke. Das Mädchen sah uns und kam auf der Straße näher. Als sie an der Stelle vorbeikam, an der sie uns versteckt gesehen hatte, flüsterte sie die Worte:

„Die Schäler sind drinnen und plündern!"

Sie war eine der Misses Meagher, die unbemerkt von der Polizei hinausgeschlichen waren, um Warnung auszusprechen, da sie wusste, auf welcher Straße wir kommen würden.

Von unserem Aussichtspunkt aus warteten wir, bis wir sahen, wie die britischen Polizeikräfte in ihre Kasernen abzogen. Dann setzten wir unseren Weg fort und betraten das Haus, das sie überfallen hatten, wo wir einen angenehmen Tee genossen.

Von Meagher fuhren wir wieder nach Süden zu Leahys of Boherlahan, der berühmten Hurling-Familie aus Tipperary. Danach gingen wir zu Donnellys in Nodstown im selben Bezirk, wo wir an einem Sonntagabend eine Sitzung unseres Brigaderats abhielten. Mit unseren Kollegen diskutierten wir Pläne für aktivere Operationen und erstellten die von uns verfasste Proklamation, in der alle britischen Streitkräfte bei Todesstrafe aufgefordert wurden, Süd-Tipperary zu verlassen. Obwohl das Hauptquartier seine Zustimmung verweigerte , beschlossen wir, sie zu veröffentlichen. Gegen Ende Februar wurde sie in mehreren Teilen der Grafschaft ausgehängt. Die Zeitungen veröffentlichten sie mit spöttischen Schlagzeilen. Damals schien dies zweifellos eine große Aufgabe zu sein, aber spätere Ereignisse zeigten, dass wir weiter voraussahen, als uns die Zeitungen oder unser eigenes Hauptquartier zugetraut hatten.

Nach diesem Treffen beschlossen wir, nach Norden in Richtung Creany zurückzukehren und wie immer eine Nachricht zu hinterlassen. Wir ließen Patrick Kinnane wissen, dass er uns mit einem Auto abholen solle, und begannen unsere lange Wanderung in der düsteren Nacht.

In Upperchurch wurden wir von Kinnane, Doherty und Patrick Dwyer empfangen und machten uns auf den Weg zu Murphys Haus in Creany. Es war drei Uhr morgens, als wir unser Ziel erreichten. Selten litten wir mehr unter Kälte und Kälte als in dieser Nacht. Das Wetter war rau, selbst für Februar, und die Gegend war wild und bergig.

bei Murphy ankamen, waren wir furchtbar hungrig. Murphy war ein großartiger Charakter. Er war in der Gegend als „der Bahnhofsvorsteher" bekannt – warum, weiß ich nicht, denn der nächste Bahnhof war fünfzehn Meilen von seinem Haus entfernt. Er bereitete gerade ein großes Mahl aus geräuchertem Schinken und Eiern für uns zu. Hogan war so hungrig, dass er instinktiv und halb unbewusst begann, den rohen Schinken zu essen, als er in die Bratpfanne gelegt wurde. Nach wenigen Minuten war er ernsthaft krank und wir dachten, er würde sterben. Er kam bald wieder zu sich, aber noch wochenlang danach ging es ihm alles andere als gut. Seine Krankheit zu diesem Zeitpunkt war für uns sehr unglücklich, denn wir hatten uns trotz der Befehle des Hauptquartiers entschlossen, zu versuchen, nach Dublin zu kommen, da wir das Elend unserer Existenz nicht länger ertragen konnten.

Mit diesem Ziel fuhren wir von Creany zu den Donass-Wasserfällen, jenem herrlichsten und malerischsten Ort am Shannon, gleich hinter der Grenze zu Limerick, gegenüber von Nord-Tipperary. Dann trennten wir uns von Robinson und Treacy, die ihre gefährliche Reise nach Dublin antraten, während ich bei Hogan zurückblieb, bis er wieder ganz erholt war. Sie kamen wohlbehalten in Dublin an und wurden von einigen mitfühlenden Freunden begrüßt. Eine vollständige und genaue Beschreibung jedes Einzelnen von uns, zusammen mit der ausgesetzten Belohnung für Informationen, die zu unserer Ergreifung führen könnten, erschien jede Woche im *Hue and Cry* , dem offiziellen Polizeianzeiger, und so war es für sie weder leicht, in die Stadt zu reisen, noch sich dort fortzubewegen.

In der Zwischenzeit konnten Hogan und ich nicht lange in der Gegend um die Keeper Mountains bleiben. Aber Tommy McInerney kam mit einem Auto aus Limerick, begleitet von Tim Ryan. McInerney war der Mann, der das unglückselige Auto fuhr, das Roger Casement am Karfreitag 1916 abholen sollte, als das Auto über eine Klippe in Kerry stürzte und zwei der Insassen ertranken, während McInerney selbst entkommen konnte.

Tim Ryan kannte einen freundlichen Priester in West-Limerick, der uns Unterschlupf gewährte, und wir machten uns auf den Weg, um einen der treuesten Freunde zu treffen, die wir je gefunden hatten – einen gewissen Sagairt, dessen Lob ich hier gerne aussprechen möchte, dessen Name aber nicht bekannt werden soll. Sean Hogan saß vorne, McInerney, der fuhr, Ryan und ich saßen hinten.

zunächst ereignislos , bis wir uns Limerick City näherten. Plötzlich wurden wir von Lastwagenladungen voller Soldaten konfrontiert, die in Richtung Tipperary rasten. Wir wussten, dass sie eine große Razzia durchführten. Wir wussten damals nicht, fanden aber später heraus, dass sie Informationen erhalten hatten, dass wir uns in einem bestimmten Versteck aufhielten, und Dutzende von Soldaten mit Panzerwagen wurden zum Ort des Geschehens geschickt.

Seit wir Soloheadbeg verlassen hatten, fühlten wir uns nie mehr so in der Klemme. Ein einziger Verdachtsmoment seitens eines einzigen Offiziers der Gruppe hätte uns ruiniert. Damals wussten wir, dass mehr als ein britischer Soldat, sogar einfache Soldaten, große Hoffnungen hegten, die Belohnung für unsere Gefangennahme zu erhalten, und viele von ihnen hatten sich große Mühe gegeben, unsere Beschreibungen zu studieren. Außerdem war es damals, im Frühjahr 1919, vergleichsweise einfach für sie, denn wir waren damals die einzigen „viel gesuchten Männer“, wie die Zeitungen uns beschrieben.

Eine scheinbar endlose Reihe von Lastwagen kam auf uns zu – jeder Soldat bis an die Zähne bewaffnet, jeder Lastwagen mit einem Maschinengewehr ausgestattet. Das kleinste Anzeichen von Besorgnis unsererseits bedeutete unser Todesurteil: das geringste Anzeichen von Angst oder Sorge würde uns verraten. Und es gab kein Zurück. So etwas zu versuchen, wäre einer offenen Herausforderung von drei Männern gegen mehrere hundert Soldaten gleichgekommen. Kühle Verhältnisse und Bluff waren unsere einzige Hoffnung.

Wir fuhren an den ersten zwanzig Lastwagen vorbei, ohne mit der Wimper zu zucken. Wir sahen die Truppen nur mit jenem Blick an, der Neugier mit Bewunderung vermischte, den man von jedem loyalen Bürger erwarten würde, der seine tapferen Beschützer vorbeifahren sieht. Wir hatten den größten Teil des Konvois passiert und begannen uns wohler zu fühlen, als wir plötzlich um eine Ecke bogen und einem Wachposten mit erhobenem Gewehr gegenüberstanden, der uns zurief: „Alt!“ Unser Fahrer trat sofort auf die Bremse und hielt an.

Jetzt wurde uns klar, warum die anderen Krieger uns unbehelligt passieren ließen. Man hatte uns in einen Hinterhalt gelockt – man hatte uns erlaubt, mitten in den Konvoi zu gelangen, sodass wir nicht die geringste Chance hatten, zu entkommen. Es war eine raffinierte Falle, aber wir wollten ihnen zeigen, dass Iren lieber sterben als sich zu ergeben. Wir waren am Ende, aber wir wollten unser Leben so teuer wie möglich verkaufen.

Ich zog meine Waffe. Einen Sekundenbruchteil lang fingerte ich liebevoll unter dem Teppich daran herum und überlegte rasch, wohin ich meine Kugeln am effektivsten feuern sollte. Ich hatte meinen Finger schon am Abzug und war bereit, den Arm zum Schießen zu heben, als ein Beamter herbeigerannt kam.

„Entschuldigen Sie die Verzögerung, meine Herren", rief er.

Das sah nicht nach einem Hinterhalt aus. Ich senkte meine Waffe vorsichtig aus dem Blickfeld und wartete auf seine nächsten Worte.

Er war der Kapitän, der die Gruppe leitete. „Zwei dieser ‚scheißerischen' Autos sind nämlich kaputtgegangen", erklärte er, „und es war wirklich ein Pech, wissen Sie, aber der Verkehr war fast völlig blockiert." Er entschuldigte sich vielmals für die Verzögerung, aber er fürchtete, dass für unser Auto nicht genug Platz war, um vorbeizukommen. „Es war wirklich mies", aber er meinte, wir sollten aussteigen und zu Fuß gehen.

Mittlerweile hatte ich meine Fassung wiedererlangt. Ich sagte ihm höflich , aber bestimmt, dass wir einen wichtigen Geschäftstermin hätten und dass jede weitere Verzögerung für uns einen schweren Verlust bedeuten könnte. Außerdem, sagte ich, seien wir weit gereist und eine lange Autofahrt sei nicht gut für Rheumapatienten, und wir seien viel zu müde zum Gehen.

Ich glaube, mein Protest hat ihn wirklich beeindruckt. Zu diesem Zeitpunkt betrachteten britische Offiziere einen Iren, der in einem Auto mitfahren konnte, als eine wichtige Person, deren unhöfliche Behandlung zu einer „Frage im Parlament" führen könnte. Ein oder zwei Jahre später weiß ich, was er zu jedem Iren gesagt hätte, den man auf der Straße traf.

Er wandte sich plötzlich seinen Männern zu, befahl drei oder vier von ihnen, ihre Gewehre fallen zu lassen, und trieb uns in unserem Wagen etwa zweihundert Meter weit, bis wir an den liegengebliebenen Lastwagen vorbei waren und wieder auf die Straßenmitte fahren konnten.

Nie war mir das Lachen so nahe. Hier war ein Teil der britischen Armee, der sich wirklich Mühe gab, uns den Fußmarsch zu ersparen, während dieselbe Armee Tag und Nacht das Land nach uns absuchte. Was für eine schöne Schlagzeile wäre das für die *Morning Post* gewesen – „ Gesuchte Bewaffnete, unterstützt und angestiftet von der britischen Armee!"

Wir dankten den Soldaten noch mehr, versicherten ihnen, dass sie unser Auto nicht weiter schieben müssten, und bedauerten sehr, dass sie so viel Mühe hatten. Einen Moment später winkten wir ihnen zum Abschied und brausten die Straße nach Foynes entlang. Ich kann Ihnen versichern, dass wir die Geschwindigkeit unseres Wagens in der nächsten Viertelstunde getestet haben, für den Fall, dass die hilfsbereiten Soldaten vielleicht misstrauisch werden und uns nachstellen könnten. Aber Sean und ich lachten herzlich, als wir sie hinter uns gelassen hatten. Es war das erste Mal, seit wir zu Gesetzlosen geworden waren, dass uns die Briten bei der Flucht halfen; es war nicht das letzte Mal, denn mehr als einmal hatte ich Grund, dankbar zu sein für ihre Dummheit, mir aus Schwierigkeiten zu helfen, obwohl sie kaum wussten, wer ich war.

KAPITEL IX.
UNSERE RÜCKKEHR NACH SOLOHEADBEG.

An diesem Abend erreichten wir unser Ziel – das Haus des Priesters, den ich bereits erwähnt habe. Hier wurden wir sehr herzlich empfangen. Es wurde keine Mühe gescheut, uns glücklich und fröhlich zu machen. Die Haushälterin – Molly – war wie eine Mutter für uns. Sie war auch ein bisschen eine Diktatorin, wobei Diktate zu unserem Besten waren. Nachdem sie uns eine gute, herzhafte Mahlzeit gegeben hatte, schickte sie uns beide ins Bett, wo wir zwei ganze Tage blieben. Wundert es Sie, dass wir die Decken nur ungern verließen, da die Erinnerungen an Zeitungen, schmutziges Stroh und feuchtes Heu noch frisch in unseren Köpfen waren?

Nach zwei Tagen Ruhe fühlte ich mich wieder fit und aktiv, aber Hogan ging es noch lange nicht gut. Wir werden Mollys Freundlichkeit während dieser Zeit nie vergessen. Kein Problem war ihr zu groß, um es uns bequem zu machen. Ich glaube, es waren ihre Freundlichkeit und ihre gute Küche, die uns wirklich zu Kräften kamen. Und sie war immer gut gelaunt und fröhlich. Es war eine Wohltat, ihr fröhliches Lachen, ihre Späße und ihre heitere, einfache Art zu hören. Es war alles so anders als das, was wir seit Monaten gewohnt waren. Bis dahin erhoben die Leute, die überhaupt mit uns sprachen, ihre Stimme nie über ein Flüstern hinaus. Manchmal mussten wir lachen, wenn wir sahen, wie vorsichtig sie waren, bevor sie uns zu erkennen gaben. Immer wenn wir auf der Straße einen Bekannten trafen, sah er sich nach rechts und links um, bevor er uns grüßte. Viele von ihnen hatten wohl Angst, dass sie verdächtigt werden könnten, wenn wir kurz nach der Begegnung erwischt würden , und es gibt nichts, was ein Ire mehr fürchtet, als für einen Informanten gehalten zu werden.

Es war amüsant, den erschrockenen Blick zu beobachten, den die Leute zeigten, wenn sie uns erkannten. Natürlich gab es oft einen guten Grund für ihre Angst, denn wir hatten oft mehrere Wochen lang kein Rasiermesser mehr gesehen. Aber man legt keinen Wert auf persönliche Schönheit, wenn einem eine Armee auf den Fersen ist und zehntausend Pfund auf dem Kopf lasten.

Kein Wunder also, dass Mollys gutes Wesen und ihre gute Laune uns so gut getan haben. Und sie war mutig und freundlich zugleich. Sie gab uns Hoffnung, wenn alles düster aussah. Sie war unerschütterlich in ihrer Überzeugung, dass uns nichts passieren würde; dass Gott uns, wie sie sagte, vor unseren Feinden retten würde. Sie ließ immer eine Lampe vor dem Bild des Heiligen Herzens brennen, um für unser Wohlergehen zu beten, und ich bin sicher, dass sie auch viele Gesätze ihres Rosenkranzgebets für uns gebetet hat.

Aber wenn Molly ein Ziegelstein war, dann war der Priester tausend Ziegelsteine. Wie Molly rechnete er nie mit den Kosten, die es kostete, „Gesetzlosen Unterschlupf zu gewähren". Wir waren unter seinem Dach und an seinem Tisch willkommen, solange wir bleiben wollten, und alles, was sein Haus besaß oder worüber er verfügen konnte, stand uns zur Verfügung. Wir genossen unseren Aufenthalt in — und hätten ihn gern verlängert, aber es war nicht sicher, zu lange im selben Bezirk zu bleiben, und wir fanden, dass es unserem Gastgeber gegenüber nicht fair war. Außerdem wollten wir unterwegs sein, um zu versuchen, was wir tun könnten, um der Sache mehr Leben einzuhauchen. Nach einem Aufenthalt von einigen Wochen an diesem Ort fuhren wir weiter nach Rathkeale.

Hier traf ich zum ersten Mal Sean Finn – einen der besten Typen tapferer und ritterlicher Iren, die je gelebt haben. Er war damals noch ein Jüngling, aber er war zum Kommandanten seines Bataillons gewählt worden. Er war erfüllt von dem leidenschaftlichen Wunsch, für das alte Land zuzuschlagen, und war fast unbesonnen tapfer. Aber, ach! für Irland, fiel er etwa anderthalb Jahre später in seiner ersten Schlacht mit dem Feind. Meine höchste Ehrerbietung gilt dem Andenken dieses tapferen irischen Soldaten!

Wir blieben nicht lange in Rathkeale. Wir waren ruhelos und sehnten uns nach Action. Wir wollten auch unbedingt wissen, wie es Sean Treacy und Seumas Robinson in Dublin erging. Zu dieser Zeit sahen wir jeden Tag die Zeitungen und wussten, dass sie bisher entkommen waren. Schließlich nahmen wir Kontakt mit ihnen auf und verabredeten uns, sie wieder zu treffen. Wir hatten das Gefühl, dass das Schicksal es so wollte, dass wir vier uns wieder die Hände reichten und gemeinsam standen oder fielen. Also machten Sean Hogan und ich uns von West-Limerick zurück zum östlichen Ende der Grafschaft, bis an die Grenze von South Tipperary. Wieder einmal fanden wir uns an einem Ort wieder, an dem wir bereits Unterkunft und Gastfreundschaft erhalten hatten – in Lackelly, in der Nähe von Emly. Wir waren also wieder sechs oder sieben Meilen von Soloheadbeg entfernt und nur wenige Meilen von dem Ort, an dem wir ein paar Wochen später unser nächstes aufregendstes und dramatischstes Abenteuer erleben sollten – Knocklong.

In Lackelly trafen wir Treacy und Robinson wieder. Wir fühlten uns wie eine Gruppe Schuljungen im Urlaub. Irgendwie schienen sich alle dunklen Wolken zu verziehen, als wir vier zusammen waren. Wir vergaßen, dass wir gejagte Gesetzlose waren, auf deren Kopf ein hohes Kopfgeld ausgesetzt war, und als wir uns trafen , redeten und scherzten wir bis spät in die Nacht und tauschten unsere Erfahrungen und Erlebnisse seit unserer Trennung aus. Treacy und Robinson waren frei und offen in Dublin unterwegs gewesen und hatten eine recht angenehme Zeit verbracht. Wir versuchten unsererseits, sie eifersüchtig zu machen, indem wir ihnen von unserer großartigen Zeit im Haus des Priesters erzählten, und konnten damit prahlen, dass uns auf dem Weg dorthin die britischen Soldaten geholfen hatten.

Seumas konnte mit einem ebenso amüsanten Erlebnis antworten. Es scheint, dass auf dem Weg von Tipperary nach Dublin das Auto genau in Maryboros Gefängnis liegen blieb und sofort mehrere Soldaten zu Hilfe eilten, um es wieder zum Laufen zu bringen. Auch in Dublin erlebten sie viele Abenteuer, aber auf diese kann ich nicht näher eingehen.

In der Zwischenzeit waren Polizei und Militär immer noch damit beschäftigt, die ganze Grafschaft Tipperary nach uns abzusuchen und Gärten und Sümpfe nach den fehlenden Sprengstoffen umzugraben. Sie beobachteten unsere Schlupfwinkel und durchsuchten jeden Ort, an dem wir uns je aufhielten. Trotz der Schwierigkeiten, die diese Lage mit sich brachte, beschlossen wir vier, dass es sinnlos war, untätig zu bleiben. Die Begegnung bei Soloheadbeg brachte das Land in Aufruhr und zeigte den Freiwilligen, was getan werden konnte, aber unsere Abwesenheit könnte diese Wirkung zunichte machen. Die drei Monate, die seitdem vergangen waren, schienen uns verschwendet. Die IRA war immer noch nur ein Name. Theoretisch war sie ziemlich gut organisiert. Jede Grafschaft hatte ihre Brigade und ihre Bataillone, und es fehlte nicht ganz an Waffen, aber was nützen uns Männer, die nur dem Namen nach Soldaten sind, und Gewehre, die geölt und gereinigt, aber nie abgefeuert werden? Den Männern fehlte es nicht an Mut, aber sie brauchten mehr Initiative. Zu diesem Zeitpunkt konnten sie nur ins Gefängnis gehen. Überall im Land ließen sich Männer wegen des Exerzierens oder des Tragens von Waffen verhaften und einsperren, doch schienen sie nie auf die Idee zu kommen, die Waffen einzusetzen, anstatt ins Gefängnis zu gehen.

Als wir uns in Lackelly trafen, beschlossen wir, dass wir mit dem Gefängnis und dem Werden billiger Helden aufhören müssen. Wir wollten eine richtige Armee, keine leere Farce. Selbst wenn eine solche Armee nur ein paar Dutzend zählen würde, wäre sie weitaus besser als die gegenwärtige Organisation. Wir dachten, auf Soloheadbeg würden im ganzen Land aktive Operationen folgen, aber jetzt wurde es zu einer bloßen Erinnerung.

In dieser Stimmung und mit diesen Vorsätzen besorgten wir uns vier Fahrräder und fuhren direkt nach Donohill – zurück zum Schauplatz unserer ersten Schlacht, zurück in die Mitte des militärischen Netzes, das das Kriegsrecht um die ganze Grafschaft gezogen hatte. Donohill liegt etwa drei Kilometer nördlich des Soloheadbeg-Steinbruchs, und unsere Route führte uns auf dieselbe Straße, auf der wir so lange auf den Feind gewartet hatten und auf der wir ihn schließlich trafen. Es war unsere erste Reise an diesem Schauplatz vorbei seit dem 21. Januar, und Sie können sich unsere Gefühle vorstellen, als wir den vertrauten Hügel wiedersahen und die Straßenbiegung, an der die Schäler auftauchten. Wir stiegen ab und blieben eine Weile in der Gegend. Ich bin sicher, dass viele der Leute in der Umgebung nicht damit rechneten, uns je wiederzusehen, denn früher war es für Männer in unserer Position üblich, nach Amerika zu ziehen. Aber unsere Arbeit war in Irland, und wir wollten sie bis zum Ende durchziehen.

In Donohill erschienen wir der Familie Horan wie Männer, die aus dem Grab zurückgekehrt waren. Als sie merkten, dass wir keine Geister waren, bereiteten sie uns einen typisch irischen Empfang und wir scherzten und lachten bis spät in die Nacht. Sie vergaßen nicht, jemanden an der Straße Wache zu halten, damit wir nicht überrascht würden. Bei den Horans blieben wir bis zur nächsten Nacht.

Mein eigenes Haus war nur eine halbe Meile entfernt, und natürlich nutzte ich die Gelegenheit, meine Mutter zu besuchen. Es war eine große Überraschung für sie, aber eine sehr willkommene. Während meiner Zeit auf der Flucht wagte ich nicht einmal, ihr eine Karte zu schicken, denn das würde ihr endlosen Ärger mit dem Feind einbringen und ihnen wahrscheinlich nützliche Informationen liefern, denn sie hatten nie Skrupel, Briefe zu öffnen, die per Post gingen. Die arme Frau! Sie war sehr tapfer und bester Laune, obwohl ihr kleines Heim oft dreimal innerhalb von vierundzwanzig Stunden überfallen und geplündert wurde, im frühen Morgengrauen und mitten in der Nacht. Es gab mir großen Mut, sie wiederzusehen und mit ihr zu sprechen. Aber ich sollte nicht lange warten, und ich verabschiedete mich erneut von ihr und nahm ihren herzlichen Segen mit, als ich ging.

Die liebe alte Seele hat viel für das Verbrechen gelitten, ihren Söhnen ihre Pflicht gegenüber ihrem Land beigebracht zu haben. Sogar das Haus über ihrem Kopf wurde geplündert und niedergebrannt, und ihre Hühner und Küken mussten den Preis des englischen Hasses zahlen, denn sie wurden von den Black and Tans mit Bajonetten durchbohrt. Trotz all ihrer Prüfungen verlor sie nie den Mut und stichelte immer gegen den Feind. Als die Briten einmal kamen und fragten, ob ihr Sohn da sei, fragte sie sie sarkastisch, ob sie sich mit ihm unter dasselbe Dach wagen würden. Bei einer anderen Gelegenheit antwortete sie ihnen auf dieselbe Frage, dass ich oben sei, und lud sie ein, hereinzukommen. Ihre Reaktion auf die Einladung war ein überstürzter Rückzug, um in Deckung zu gehen.

KAPITEL X.
SEAN HOGAN GEFANGEN.

Von Donohill fuhren wir nach Rossmore, dann weiter nach Rosegreen und schließlich nach Clonmel – dem Hauptquartier des RIC für South Tipperary und einer großen Garnisonsstadt. Wir verbrachten mehrere Tage in diesem Bezirk und waren nicht untätig. Wir trafen die örtlichen Offiziere der IRA – sie gehörten zu unserer Brigade – und erfuhren, welche Pläne sie hatten. Wir taten unser Bestes, um sie dazu zu bewegen, die Dinge schneller voranzutreiben und mit der wirklich ernsten Arbeit fortzufahren.

Eines Morgens erlebte ich im Bezirk Clonmel ein ungewöhnliches Abenteuer, das an sich nicht sehr aufregend war, aber ich fürchtete, dass es sich für mich als mehr als aufregend erweisen würde. Als ich um 2 Uhr morgens, als es noch stockfinster war, den Mockler's Hill hinaufradelte, fuhr ein entgegenkommender Radfahrer direkt in mich hinein. Ich bekam die volle Wucht seines Lenkers mitten ins Herz. Ich wurde hilflos zu Boden geworfen und erbrach eine Menge Blut. Ich dachte, ich würde sterben. Die Aussicht auf ein so unrühmliches Ende machte mich nicht glücklicher und beschleunigte meine Genesung auch nicht. Im Kampf durch eine feindliche Kugel getötet zu werden, war ein Schicksal, das ich überhaupt nicht fürchtete; aber ich hatte starke Einwände dagegen, durch den Lenker eines gewöhnlichen, harmlosen Fahrrads getötet zu werden, und, um die Sache noch schlimmer zu machen, stellte ich mir vor, wie ich vom RIC identifiziert und in einen noch schlimmeren Zustand versetzt würde, als der Radfahrer mich zurückgelassen hatte. Meine Genesung verlief jedoch schneller, als ich gehofft hatte. Ich hatte schon immer die schlechte Angewohnheit, mich sehr schnell wieder aufzuraffen. Nach kurzer Zeit konnte ich wieder auf mein Fahrrad steigen und zu meinem Ziel fahren.

Am 10. Mai 1919 kehrten wir in das Dorf Rossmore zurück. Die Affäre in Soloheadbeg war nun fast vier Monate her. In dieser Zeit hatten wir geschlafen, wo und wann wir Gelegenheit dazu hatten; manchmal in einer Scheune, manchmal in einem Viehstall und sehr selten im Bett. Unsere Gesundheit war trotz unserer Strapazen nicht schlechter. Ich nehme an, mit der Zeit wird man abgehärtet. Sogar an diesem Abend, als wir in Rossmore ankamen, fühlten wir uns fit und munter, obwohl wir vier Nächte ohne Ruhe verbracht hatten. Dennoch konnten wir ein paar Stunden Schlaf gebrauchen. Jemand, den wir trafen, erwähnte beiläufig, dass an diesem Abend in Eamon O'Duibhirs Haus in Ballagh, ganz in der Nähe, ein Tanz stattfinden würde. Wir vergaßen unsere Müdigkeit; wir vergaßen die Gefahr, in der wir schwebten. Wir waren jung und hatten uns inzwischen daran gewöhnt, Risiken einzugehen, und es war lange her, dass wir das Vergnügen eines Tanzes oder einer Ceilidhe gehabt hatten.

Ohne nachzudenken machten wir uns auf den Weg nach Ballagh. Bald waren wir mittendrin im nächtlichen Vergnügen. Es war ein herrliches Gefühl, auch nur für eine Nacht wieder in dieser Atmosphäre unbeschwerter Fröhlichkeit zu sein. Fast zwei Jahre lang hatte ich mich nicht mehr unter eine Menschenmenge gemischt, und nun war ich mitten in einer typischen Tipperary-Party. Die Musik war großartig und das Abendessen und die Erfrischungen waren sogar noch besser. Ausnahmsweise vergaßen wir die dunklen Wolken über uns; wir lachten und redeten und tanzten in den Filmen und auf den Bühnen mit den Jungs und Mädchen – mitten im Kriegsrechtsgebiet und zu einer Zeit, als wahrscheinlich ein Dutzend britische Stoßtrupps Türen in Hütten und Bauernhäusern einbrachen und nach uns suchten.

Natürlich kannten uns alle Jungen und Mädchen. Sie brauchten, wie so viele andere vor und nach uns, nur hinauszuschleichen, zur nächsten Polizeikaserne zu gehen, die keine drei Kilometer entfernt war, und tausend Pfund zu verdienen, indem sie sagten, wo wir waren. Aber so etwas hätten sie sich nie träumen lassen. Und wir hätten auch nie im Traum daran gedacht, irgendjemanden in der Gruppe oder in irgendeiner anderen Gruppe von Irisch-Irländern zu verdächtigen. Jeder von ihnen würde sich eher die Hand abhacken, als dieses sächsische Gold anzufassen. Iren haben viele Fehler, aber es gibt nur sehr, sehr wenige Informanten unter ihnen.

Wir tanzten die ganze Nacht hindurch und in den frühen Morgenstunden kehrte ich mit ein paar der Jungs nach Rossmore zurück. Die anderen drei kamen nicht mit; sie blieben noch für ein paar Tänze, aber wir hatten uns bei O'Keeffe's in Glenough verabredet, wo wir richtig gut schlafen würden. Kurz nachdem ich dort ankam, tauchten Sean Treacy und Seamus Robinson auf. Sean Hogan kam nicht mit, aber keiner von uns fühlte sich unwohl. Er hatte noch zwei Tage bis zu seinem achtzehnten Geburtstag, aber wir wussten, dass er gut in der Lage war, auf sich selbst aufzupassen.

Wir drei waren so müde, wie wir nur sein konnten. Nach unseren fünf schlaflosen Nächten und der Erschöpfung einer durchtanzten Nacht hätten wir, wie Sean sagte, auf einem Dornenbett schlafen können. Der Anblick des gemütlichen Bettes, das für uns vorbereitet worden war, ließ uns fast einschlafen, bevor wir uns hineinlegten.

Ich glaube, Sean Treacy hatte seinen Rosenkranz noch nicht beendet, als ich einschlief. Das nächste Geräusch, das ich hörte, war die Stimme von Patrick Kinnane. Sie schien ganz weit weg zu sein. Ich wusste, dass er mit mir sprach, aber ich wollte meine Augen nicht öffnen. Dann kam ich zur Besinnung. Seine Worte hoben mich aus dem Bett; mir wurde klar, was sein frühes

Eindringen bedeutete: Hogan war von den Peelers gefangen genommen worden!

Es wäre für uns sehr leicht gewesen zu glauben, dass „JJ", wie wir ihn nannten – sein Name war John Joseph – erschossen worden war. Aber zu glauben, dass er verhaftet wurde! Das konnte ich nicht glauben. Machte Kinnane Witze? Ich wandte mich an Sean Treacy, denn auch er war inzwischen auf den Beinen, und ich las die Wahrheit in seinem Gesicht.

Ich hätte ein Vermögen für ein paar Stunden mehr Schlaf gegeben. Ich habe mich in meinem ganzen Leben noch nie so müde und erschöpft gefühlt. Robinson und Treacy waren genauso schlimm. Aber der Gedanke an „JJ" in den Fängen des Feindes brachte uns schnell zur Besinnung. Ohne einen Moment zu zögern trafen wir unsere Entscheidung. Unsere Gesichter, nicht unsere Worte, teilten uns mit, was wir dachten. Wir mussten Hogan retten oder bei dem Versuch sterben, und wir wussten, dass jeder von uns in Hogans Lage dieselbe Entscheidung getroffen hätte.

Wir erfuhren rasch, was wir über seine Festnahme wissen konnten. Er verließ den Tanz kurz nach uns. Kaum war er weit gekommen , war er von zehn tapferen Polizisten umringt. Natürlich hatte er, wie wir alle, seine Waffe dabei, aber er hatte nie Gelegenheit, sie zu benutzen. Erst ein Jahr später erfanden die Briten den witzigen Trick, Gefangene „bei einem Fluchtversuch" zu erschießen. Wenn es diese Mode damals schon gegeben hätte, wäre „JJ" heute nicht unter uns, und es hätte auch nicht viel Sinn gemacht, seine Rettung in jener Nacht zu planen.

Unsere erste Aufgabe war es, ihn ausfindig zu machen. Damals war es noch nicht üblich, unschuldige Menschen zu ermorden, aber das Kriegsrecht machte die Menschen vorsichtiger, und nur wenige wagten sich spät in der Nacht oder früh am Morgen hinaus, weil sie sicher waren, von den Briten, die zu jeder Tages- und Nachtzeit die Straßen patrouillierten, überfallen, befragt und wahrscheinlich verhaftet zu werden. Daher stellten wir bei unserer ersten Befragung fest, dass niemand gesehen hatte, wohin Hogans Eskorte gegangen war. Sie hätten sich nach einer von einem halben Dutzend Garnisonen umsehen können – Thurles, Tipperary oder Cashel zum Beispiel. So im Ungewissen darüber zu sein, wohin wir unsere Pläne schmieden sollten, war fast unerträglich, und wir wussten, dass jede Stunde, die verging, die Gefahr größer machte und dass er bald an einen Ort außerhalb unserer Reichweite gebracht werden würde. Ich glaube, gern hätte einer von uns dreien den Platz unseres jüngsten Kameraden eingenommen. Jetzt, da er von uns gegangen war , entdeckten wir plötzlich all seine hervorragenden Charaktereigenschaften, obwohl wir ihm nie Komplimente machten, während er bei uns war.

Wir suchten und erkundigten uns überall. Wir schickten Boten auf Fahrrädern in alle möglichen Richtungen, um zu versuchen, eine Spur aufzunehmen. Aber seine Entführer hatten einen zu großen Vorsprung. Wir waren fast verzweifelt, als wir endlich auf die Spur kamen: Wir verfolgten ihn bis zur Polizeikaserne von Thurles.

Ein Versuch, ihn von diesem Ort aus zu retten, wäre schlimmer als Wahnsinn gewesen. Es wäre genauso einfach gewesen, die Tore der Hölle zu stürmen. Thurles ist eine ziemlich große Stadt und hatte eine große Garnison aus Polizei und Militär. Die Kaserne war stark befestigt und die Peelers waren immer in Alarmbereitschaft. Ihre Positionen machten Wachsamkeit unerlässlich. Sie befanden sich mitten in einem Gebiet, das bald zum Zentrum aktiver Kriegshandlungen werden sollte, und sie befanden sich auf der Hauptstraße von Dublin nach Cork. Es bestand nicht die geringste Hoffnung, die Kaserne zu stürmen oder sich durch eine List einen Zutritt zu verschaffen, und außerdem wussten wir, dass die Anwesenheit von Sean Hogan in ihrer Festung sie noch vorsichtiger machen würde, denn sie wussten, dass er einer der vier Männer war, die für den Angriff in Soloheadbeg gesucht wurden. Die Informationen, die sie aufgeschnappt hatten, und unser Verschwinden aus dem Ort machten ihnen vom ersten Tag an klar, dass wir an diesem Abenteuer beteiligt waren.

Aber es gab einen Hoffnungsschimmer. Wir wussten, dass er nicht lange in Thurles festgehalten werden würde. Gefangene wurden nur ein oder zwei Tage in diesen örtlichen Stationen festgehalten, während die Voruntersuchungen und Untersuchungshaft durchgeführt wurden. Dann wurden sie in eines der größten Gefängnisse verlegt – Mountjoy, Cork, Maryboro', Dundalk oder Belfast. Im Fall von Männern aus Tipperary und tatsächlich Männern aus ganz Munster war Cork im Allgemeinen das Ziel. Die Chancen standen zehn zu eins, dass Sean Hogan in ein oder zwei Tagen mit dem Zug von Thurles nach Cork gebracht werden würde.

Unsere Pläne waren schnell fertig. Wir wollten nach Emly fahren, die Eskorte abfangen, den Zug aufhalten und unseren Kameraden retten. Wir entschieden uns aus vielen Gründen für Emly. Es war ein kleiner Bahnhof und es waren keine Soldaten in der Nähe; die Polizei störte uns nicht besonders. Er lag im Herzen eines Bezirks, den wir kannten und in dem wir viele Freunde hatten. Er berührte fast die Grenzen von drei Grafschaften und erhöhte daher unsere Chancen, einer Verfolgung zu entgehen, da der Feind nicht leicht herausfinden würde, ob wir uns in die Berge, nach Nord-Cork, Süd-Tipperary oder Ost-Limerick zurückzogen. Vor allem hatten wir Vertrauen in viele der Jungen aus dem Nachbardorf Galbally.

Aber einen Zug aufzuhalten und die Abtransportierung unseres geretteten Gefährten und unsere eigene Flucht zu organisieren, sind keine Aufgaben, die drei Männer bewältigen können. Wir brauchten Hilfe, wir mussten Verstärkung holen. Wir sicherten uns sofort die Dienste eines freiwilligen Sonderkuriers, denn natürlich war weder an Telegramme noch an Telefone zu denken. Sich auf diese Kommunikationsmittel zu verlassen, wäre dasselbe gewesen, als den Briten unsere Pläne mitzuteilen. Unsere erste Sorge war, dem stellvertretenden Kommandanten des Bataillons von Tipperary alle Einzelheiten unserer Pläne zu übermitteln, mit dem Befehl, uns Verstärkung zu schicken. Emly war nur sieben Meilen, also weniger als eine Stunde mit dem Fahrrad, von Tipperary entfernt.

Eilig entschieden wir uns für unser Vorgehen und trafen unsere Vorbereitungen. Ned Reilly und die O'Keeffe-Brüder halfen uns bei der Ausarbeitung unserer Pläne, bevor wir Thurles verließen.

Nachdem wir diese Vorbereitungen getroffen hatten, verließen wir die Stadt Thurles am 12. Mai 1919 um 11 Uhr morgens. Wir waren im Herzen traurig, aber wir hatten noch Hoffnung, und unser Blut kochte vor Wut, Angst und Aufregung.

JJ HOGAN.

Wir drei stiegen auf unsere Fahrräder und machten uns auf den Weg nach Emly. Abgesehen von der Stunde Schlaf nach dem Tanz hatten wir nun fünf Nächte ohne Pause verbracht. Normalerweise wäre Emly nur etwa dreißig Meilen von uns entfernt gewesen, aber aus offensichtlichen Gründen mussten wir die Hauptstraßen meiden und konnten nicht in der Nähe der Stadt Tipperary vorbeifahren. Wir legten auf dieser Reise fast fünfzig Meilen über holprige und unebene Straßen zurück. Es war eine der härtesten Fahrten, die wir je gemacht haben. Die Fahrten, die Sean Treacy und ich nach und von Dublin unternommen hatten, waren weniger ermüdend. Als wir uns

Donohill näherten, war Seumas Robinsons Fahrrad kaputt. Wir hatten weder die Zeit noch die Mittel, es am Straßenrand zu reparieren, aber wir hatten treue Freunde. Patrick O'Dwyer aus Donohill, dessen Frau eine Cousine ersten Grades von Sean Hogan war, stellte uns ein neues Fahrrad zur Verfügung und wir setzten unsere Reise fort. Unsere Müdigkeit machte sich bemerkbar. Wir hätten von den Fahrrädern fallen und am Straßenrand schlafen können, aber die Aufregung und unser Gefühl der Loyalität gegenüber unserem Kameraden hielten uns bei Kräften. In Oola schliefen wir tatsächlich auf unseren Fahrrädern ein, aber wir rafften uns wieder auf und fuhren beharrlich weiter, über Berg und Tal, mit zusammengebissenen Zähnen und den Gedanken an Rettung oder Tod. Wir machten einen Umweg nach rechts, durch das Kriegsrechtsgebiet und über die Grenze in die Grafschaft Limerick, durch das historische Dorf Cullen und weiter nach Ballyneety, vorbei an den Ruinen der alten Burg, auf derselben Straße, die Patrick Sarsfield in jener Mondnacht vor dreihundertdreißig Jahren nahm, als sein Säbel die Truppen von Dutch William in Angst und Schrecken versetzte. Es war ein seltsamer Zufall, dass wir, die wir jetzt auf einer ähnlichen Mission des Todes oder des Ruhms fuhren, Tipperary-Gesetzlose waren, genau wie Galloping Hogan, der Mann, der Sarsfields Heldentat in dieser Nacht möglich gemacht hatte. Und wir wollten einen anderen Tipperary-Gesetzlosen mit demselben Namen und Clan retten.

Während Sean Treacy uns diese Seiten der Geschichte in Erinnerung rief — denn er liebte die irische Geschichte — wurden wir durch einen dumpfen Schlag unterbrochen, und als wir uns umsahen, sahen wir, dass der arme Robinson von seinem Fahrrad gefallen war und am Straßenrand fest schlief. Wir mussten weiter, die Zeit war kostbar, und so stiegen wir drei wieder aufs Fahrrad und erreichten Emly am Morgen des 13. Mai um halb vier. Unterwegs hatten wir ein- oder zweimal angehalten, um unsere Pläne zu vervollständigen und unsere Aufklärungsvorbereitungen zu perfektionieren. Einmal bekamen wir einen heftigen Schock, als eine Bombe aus Robinsons Tasche fiel, und für einen Moment dachten wir, wir würden angegriffen.

In Lackelly besuchten wir unsere alten Freunde, die Maloneys, und wurden sehr herzlich empfangen. Als wir unsere Pläne besprachen und dabei ein warmes und dringend benötigtes Frühstück genossen, bot May Maloney ihre Dienste an, wo sie nur konnte, und wir nahmen ihr Angebot gerne an. Sie wurde für diesen Anlass unsere Meldefahrerin, und ich weiß nicht, wie wir ohne ihre Hilfe zurechtgekommen wären. Sie war es, die an diesem Morgen nach Thurles fuhr und uns ausrichten ließ, dass Hogan noch dort war. Das Haus der Maloneys wurde übrigens später von den Black and Tans zerstört, und sowohl May Maloney als auch ihr Bruder Dan wurden während des letzten Krieges inhaftiert.

Am 13. Mai um 10 Uhr morgens hatten wir alle Vorkehrungen für die Rettung von Sean Hogan abgeschlossen.

KAPITEL XI.
DIE RETTUNG VON KNOCKLONG.

Wie gesagt, kamen wir um 3.30 Uhr in Emly an. Der erste Zug, mit dem der Gefangene kommen konnte, sollte erst mittags kommen. Als einige Stunden vor Mittag alles bereit war, warteten wir ungeduldig auf die Ankunft der Männer aus Tipperary, die auf unsere Bitte reagiert hatten. Je näher die Stunde rückte, desto unruhiger und unruhiger wurden wir. Aus den Minuten wurden Stunden. Begierig suchten unsere Augen die Straße von Tipperary ab, aber kein Radfahrer tauchte auf. Was war passiert? Wir konnten nicht glauben, dass die Hilfe, die wir so dringend brauchten, nicht zur Stelle war. Elf Uhr – immer noch keine Verstärkung. Die Minuten vergingen jetzt viel zu schnell. Es war halb zwölf und immer noch kein Zeichen. Und der Zug sollte um 12 Uhr kommen!

Aber wir wollten nicht zulassen, dass Sean Hogan kampflos abgeführt wurde. Wir wussten, dass die mit Gewehren, Bajonetten und Revolvern bewaffnete Eskorte aus vier bis acht Polizisten bestehen würde, aber es war möglich, dass sich noch weitere Polizisten oder Soldaten im selben Zug befanden. Wir konnten nur scheitern. Um 12 Uhr eilten wir drei zum Bahnhof, gerade als die Lokomotive auf den Bahnsteig einfuhr.

In meiner Eile prallte ich am Eingang mitten in eine alte Frau hinein. Um sie zu retten, musste ich sie umarmen. Die Wucht des Aufpralls wirbelte uns beide herum, und was wie ein Tanz ausgesehen haben muss, endete mit einem schweren Sturz zu Boden. Leider blieb keine Zeit für Erklärungen oder Entschuldigungen, und ich weiß nicht, ob die arme Frau die Erklärung für den Aufprall überhaupt gehört hat. Bevor sie mein Gesicht sehen konnte, war ich wieder auf den Beinen und rannte die Plattform entlang, den Finger die ganze Zeit am Abzug des Revolvers.

Aber es gab keinen Gefangenen! Wir waren bitter enttäuscht. In gewisser Weise waren wir auch ein wenig erleichtert, denn es blieb noch Zeit, Hilfe zu holen, bevor der nächste Zug kam. Aber das Warten ist immer der schwerste Teil eines Kampfes; die Spannung ist schlimmer als die Aktion.

Als wir niedergeschlagen zu unserem Ruheplatz zurückkehrten, nachdem wir jeden Waggon abgesucht hatten, wurde unsere Pille noch bitterer durch den Gedanken, dass die Männer aus Tipperary uns im Stich gelassen hatten. Wir suchten nach anderer Hilfe. Wir dachten an das alte Galtee-Bataillon, die Jungs aus den Bergregionen, aus Galbally und Ballylanders. Wir wussten, dass ihr Bataillon kürzlich vom Hauptquartier suspendiert worden war. Aber wir wussten auch, dass sie es im Herzen richtig und ihre Hände stark und mutig waren. Sie würden einen Ruf wie den unseren nicht überhören.

Der nächste Zug aus Thurles kam erst um 19 Uhr. Wir schickten den Jungs des Galtee-Bataillons eine Nachricht, erzählten ihnen von unserem Auftrag und von der Gefahr der Arbeit, die vor uns lag. Innerhalb einer Stunde kam die Antwort. Fünf ihrer Männer würden um 17 Uhr zu uns stoßen. Noch nie zuvor hatten wir eine so ermutigende Nachricht erhalten.

Die Männer hielten ihr Wort und kamen vor ihrer Zeit. Um 16:45 Uhr trafen sie ein: Eamon (Ned) O'Brien, James Scanlon, JJ O'Brien, Sean Lynch und der arme Martin Foley, der genau zwei Jahre später im Mountjoy-Gefängnis für seine Rolle bei der Rettung gehängt wurde. Mit ihm wurde der arme Maher gehängt, der nichts von dem Vorfall wusste, für den er gehängt wurde. Aber sie gaben ihr Leben gern für Irland und die mutigen Worte ihrer letzten Botschaft am Fuße des Galgens werden ihre Erinnerung für immer in den Herzen irischer Patrioten lebendig halten. Mögen sie in Frieden ruhen!

Wir waren jetzt acht Mann stark, fünf von uns mit Revolvern bewaffnet und drei unbewaffnet. Nach einer Beratung entschieden wir uns für eine kleine Planänderung. Sean Treacy, Seumas Robinson, Ned O'Brien und ich radelten weiter nach Knocklong, der nächsten Station, etwa drei Meilen südlich von Emly. Wir wählten Knocklong, weil außer Emly alle anderen Stationen von starken britischen Streitkräften gehalten wurden, aber da diese nur am Straßenrand und ein paar Meilen von einer Polizeikaserne entfernt lag, war sie für uns vergleichsweise sicher. Falls dieser Versuch scheiterte, hatten wir vor, mit dem Auto nach Blarney zu fahren, wo wir die Eskorte erneut abfangen konnten. Die anderen vier Männer schickten wir zum Bahnhof Emly mit der Anweisung, den Zug zu besteigen, ohne Verdacht zu erregen, um herauszufinden, in welchem Waggon sich unser Kamerad befand. Auf diese Weise konnten sie uns den Hinweis geben, sobald wir Knocklong erreicht hatten, und wir mussten keine Zeit verlieren, um zur Rettung zu gelangen.

Wir erreichten Knocklong, als die Abfahrt des Zuges von Emly signalisiert wurde. Wir gingen mit so kühlem und unbekümmertem Gesichtsausdruck wie möglich auf den Bahnsteig, hielten aber unsere Waffen fest in den Händen. Die Leute, die an diesem Abend auf den Zug warteten, konnten sich kaum vorstellen, dass sie bald Zeugen eines Dramas werden würden, für das ein Filmproduzent ein Vermögen gegeben hätte. In der Ferne sahen wir den Rauch der Lokomotive in den Himmel steigen. Noch eine Minute und der Zug fuhr auf den Bahnsteig. Im selben Moment kam auf dem gegenüberliegenden Bahnsteig ein anderer Zug aus Richtung Cork an. Erst am nächsten Tag erfuhren wir, dass der zweite Zug eine Kompanie bewaffneter britischer Truppen für Dublin enthielt. Dort blieben sie nur wenige Meter von dem Kampf auf Leben und Tod entfernt, der folgte. Ich habe nie erfahren, warum sie nicht an dem Kampf teilnahmen. Vielleicht war es zu spät, als sie erkannten, was im Gange war.

Unser Zug stand noch nicht, als uns von zwei verschiedenen Parteien das Signal gegeben wurde, auf das wir warteten. Gemäß den am Vortag in Thurles getroffenen Vereinbarungen bestieg nach dem Gefangenen ein Mitglied des Geheimdienstes der IRA den Zug und stand am Fenster, um uns das Signal zu geben. Unsere Männer standen ebenfalls an ihrem Fenster und wussten nichts von dem anderen Mann.

Es war keine Zeit zu verlieren. Der Zug würde nur eine Minute Verspätung haben und wir hatten es nicht für nötig gehalten, den Fahrer aufzuhalten. Eine leichte Handbewegung unserer Kollegen deutete auf den Waggon, in dem wir unseren Mann finden würden.

Es war ein langer Gangwagen, der in etwa ein Dutzend kleine Abteile unterteilt war, die voneinander abgetrennt waren, und ein Gang verlief den ganzen Weg entlang. Unsere Galtee-Männer befanden sich im Gang. In einem der Abteile sahen wir Sean Hogan. Er saß mit Handschellen gefesselt in der Mitte des Sitzes und blickte auf die Lokomotive. Neben ihm saß ein Polizeisergeant, auf der anderen Seite ein Polizist. Auf dem gegenüberliegenden Sitz saßen zwei weitere Polizisten – alle vier voll bewaffnet.

Sean Treacy sollte laut Absprache den Angriff leiten. Er gab das Kommando. Fünf Sekunden nach Ankunft des Zuges rannten wir den Gang entlang und stürmten mit gezogenen Waffen und dem Befehl „Hände hoch!" in das Gefangenenabteil. „Hände hoch!" Wie wir später hörten, hatte Sergeant Wallace seinem Gefangenen nur einen Moment zuvor die sarkastische Frage gestellt: „Wo sind Breen und Treacy jetzt?" Seine Frage wurde beantwortet; Breen und Treacy standen ihm zu Diensten.

Als wir durch die Abteiltür stürmten, erkannte die Polizei schnell unser Vorhaben. Constable Enright hatte seinen Revolver gezogen und auf das Ohr des Gefangenen gerichtet. Die Eskorte hatte den Befehl erhalten, den Gefangenen zu erschießen, falls ein Rettungsversuch unternommen würde. Ein Bruchteil einer Sekunde rettete Sean Hogan. Es ging um sein Leben oder das des Constables. Der Polizist war gerade dabei, den Abzug zu betätigen, als er selbst durch das Herz geschossen wurde – der Tod trat augenblicklich ein.

Und nun folgte eine Episode, im Vergleich zu der jede Wildwest-Show verblassen würde. Die Passagiere erkannten unser Ziel. In einem Augenblick herrschte Panik. Meine lebhafteste Erinnerung an diese Szene ist die Gestalt eines Soldaten-Passagiers, gekleidet in Englands Khakiuniform; aber unter dieser Uniform schlug ein irisches Herz. Ich werde nie das triumphierende Lächeln auf seinem Gesicht vergessen, als er seinen Hut schwenkte und rief: „Hoch die Republik!"

Ich hatte kaum Zeit, die Passagiere zu studieren. Dieser erste Schuss verhinderte, dass die Eskorte ihren Gefangenen ermorden konnte, und es war der erste Schuss in einem erbitterten Kampf, der mit dem Tod von zwei und der Verwundung von vier enden sollte. Mit dem ersten Schuss stürzte sich einer der Polizisten buchstäblich durch das Fenster des Zuges und brüllte wie ein wilder Stier. Wir haben ihn nie wieder gesehen, aber ich hörte, dass er wie ein Wahnsinniger durch das Land rannte und am nächsten Morgen in der Polizeikaserne von Emly in sehr unzusammenhängender Weise über den Kampf berichtete.

Constable Enright war tot, sodass Sergeant Wallace und Constable Reilly übrig blieben. Es folgte ein heftiger und schneller Schusswechsel. Constable Reilly lag steif auf dem Boden. Wir dachten, er sei tot, aber bald stellten wir fest, dass er nur so tat.

Sergeant Wallace kämpfte bis zum Ende. Einen tapfereren Mann habe ich in den Reihen des Feindes noch nie gesehen. Mehrmals forderten wir ihn auf, sich zu ergeben, aber er antwortete nie, nicht einmal, als seine Männer ihn im Stich ließen. Die Verwirrung und Panik waren unbeschreiblich. Da wir so beengt waren, waren wir nicht nur durch die Kugeln der Polizei, sondern auch durch die unserer eigenen Männer in Gefahr. Und die ganze Zeit versuchten wir, unseren mit Handschellen gefesselten Kameraden hinauszudrängen.

Wir haben unseren Kameraden sicher hinausgebracht. Inzwischen hatte sich auch Sergeant Wallace auf die Plattform gekämpft. Ich sah mich um. Ich wusste, dass ich verwundet war, aber in der Aufregung konnte ich nicht sagen, wo und wie schwer es war, obwohl ich wusste, dass es in der Lungengegend war.

Plötzlich wurde mir klar, dass Treacy, Ned O'Brien und Scanlon ebenfalls verwundet waren und wir die einzigen vier mit Waffen waren. Blut strömte aus uns allen. Die anderen drei hatten im Kampf ihre Gewehre verloren. Ich war der Einzige, der kämpfen konnte, und ich hatte es mit mehr als dem tapferen Sergeant zu tun, denn Constable Reilly, der gerade noch tot vorgetäuscht hatte, stand jetzt auf der Plattform und feuerte ununterbrochen aus seinem Gewehr. Eine zweite Kugel traf mich. Ich war in den rechten Arm geschossen worden. Wäre Constable Reilly so ruhig geblieben wie der alte Sergeant, wäre keiner von uns lebend davongekommen. Er sah, wie mein Revolver aus meiner verletzten Hand fiel – und er sah, wie ich ihn wieder aufhob. Wäre er schnell gewesen , hätte er mir das Gehirn weggeschossen, bevor ich die Chance dazu gehabt hätte. Ich hatte mich immer auf einen solchen Notfall vorbereitet. Ich hatte geübt, sodass ich mit der linken Hand genauso gut schießen konnte wie mit der rechten. Ich feuerte erneut, und zwar auf Reilly. Als er sah, dass ich mein Gewehr auf ihn richtete, drehte er sich um und floh die Plattform hinunter. Inzwischen war der Sergeant auf der Plattform zusammengebrochen, und der Sieg war unser. Reilly entkam, weil ich blutüberströmt war und nicht mehr richtig zielen konnte. Aber ich sorgte dafür, dass er sich nicht noch einmal umdrehte, während der Rest meiner Kameraden Hogan sicher davontrug.

Wir ließen den toten Polizisten und den sterbenden Sergeanten am Bahnhof Knocklong zurück. Die Menschen waren in Panik vom Bahnsteig geflohen und viele der Passagiere waren wild aus dem Zug gesprungen. Sogar der Lokführer, der die ersten Schüsse offenbar nicht gehört hatte, wollte den Zug nach der üblichen Verzögerung, während die Schlacht noch im Gange war, gerade losfahren lassen, als ihm ein Mädchen sagte, dass eine Schlacht im Gange sei. Dasselbe Mädchen gab auch an, dass sie Reilly später in der Nähe des Bahnhofs beten sah.

Spät am Abend wurde Enrights Leiche mit dem Zug nach Kilmallock gebracht, ebenso wie Sergeant Wallace, der bis zum nächsten Nachmittag lebte.

Bei der anschließenden Untersuchung war natürlich niemand außer Reilly da, der seine Version des Kampfes schildern konnte. Einer der Geschworenen bemerkte frech gegenüber der Polizei: „Sie versuchen einfach, Ihre eigene Geschichte auf Ihre Weise zu schildern.“ Die Polizeizeugen durften von ihren Vorgesetzten keine wichtigen Fragen beantworten, die beweisen sollten, dass wir ihre Männer nicht erschossen hätten, wenn sie sich ergeben hätten.

Die Untersuchung war auch deshalb bemerkenswert, weil die Jury sich nicht nur weigerte, ein Mordurteil zu fällen, sondern es auch öffentlich äußerte. Ich zitiere aus der Zeitung vom 22. Mai: „Sie verurteilten die Verhaftung angesehener Personen, brachten die Bevölkerung zur Weißglut, forderten die Selbstbestimmung Irlands und beschuldigten die Regierung, die Polizei einer Gefahr auszusetzen.“ Unsere Bemühungen zeigten Wirkung. Die einfachen Leute erkannten, dass wir für die Freiheit Irlands kämpften. Sie erkannten auch, dass wir der Polizei als solcher keine Feindschaft entgegenbrachten, wenn sie sich auf die Arbeit der normalen Polizei beschränkte; aber wenn sie zu Spionen und Soldaten im Sold Englands wurden , mussten wir sie entsprechend behandeln.

Dies ist die wahre Geschichte von Knocklong, die damals vom Erzbischof, den Priestern und der Presse verurteilt wurde – denselben Leuten, die uns zwei Jahre später als Helden gefeiert und lautstark mit „der Freiheit, die wir gewonnen hatten“ geprahlt hätten. Die Zeit wirkt Wunder!

Die Helden des Kampfes waren Sean Treacy und die beiden O'Briens. Im nächsten Kapitel muss ich von unserer ebenso aufregenden Flucht vom Schauplatz erzählen und von der Geschichte, die unser geretteter Kamerad zu erzählen hatte, als wir ihm wieder die Hand drückten.

KAPITEL XII.
UNSERE FLUCHT AUS KNOCKLONG.

Bevor ich unsere Flucht aus Knocklong und die darauf folgenden Abenteuer beschreibe, muss ich kurz die Erlebnisse unseres Kameraden Sean Hogan seit seiner Verhaftung vor ein paar Tagen schildern. Sie werfen ein interessantes Licht auf die Methoden der Peelers, obwohl diese Methoden damals noch nicht so kaltblütig und barbarisch waren, wie sie es innerhalb eines Jahres wurden.

Als der Tanz an diesem Morgen in Ballagh zu Ende war und wir anderen zu O'Keeffe gegangen waren, um zu schlafen, ging Sean Hogan mit Brigid O'Keeffe die Straße hinauf zu Meagher in Annfield. Dies war dieselbe Familie Meagher, deren Haus wir ein paar Monate zuvor nur knapp entkommen waren, als das wedelnde Taschentuch des Mädchens uns vor der Gefahr warnte. Miss O'Keeffe war eine Cousine der Meaghers und sie hatte beschlossen, zu ihnen zum Frühstück zu gehen.

Sean war so müde, dass er tatsächlich am Tisch einschlief. Als das Frühstück beendet war , nahm er Gürtel und Revolver ab und legte sich auf ein Sofa, um sich auszuruhen. Mr. Meagher und seine beiden Töchter waren zu dieser Zeit auf dem Bauernhof beschäftigt und bereiteten die Milch für den Versand an die Molkerei vor.

Sean wurde plötzlich durch den Warnruf aus dem Schlaf gerissen: „Die Polizei kommt die Straße herauf!" Er sprang auf, legte seinen Gürtel an und ging mit dem Revolver in der Hand zur Tür.

Die Meaghers hatten die Polizei schon von Weitem gesehen, aber Sean konnte sie vom Haus aus nicht sehen. In der Annahme, sie kämen von der Nordseite, rannte er vom Haus in die entgegengesetzte Richtung, an einem Feld entlang, das viel tiefer liegt als die Straße. Als er das Ende des Feldes erreicht hatte , dachte er, er sei außer Gefahr, steckte seinen Revolver weg und sprang auf die Straße – in die Arme von sechs Polizisten. Sie waren tatsächlich von Süden gekommen und hatten ihn gut im Blick, als er vom Haus über das Feld rannte.

Sean wurden sofort Handschellen angelegt und sein Revolver wurde beschlagnahmt. Seine Entführer führten ihn die Straße zurück zu Meagher, gerade als ein weiterer Trupp der Polizei aus der Tür kam, nachdem er das Haus hastig durchsucht hatte. Sie erkannten Sean nicht, und er weigerte sich, seinen Namen zu nennen. Gerade als er abgeführt wurde, kam Miss O'Keeffe, schüttelte ihm die Hand und sagte: „Auf Wiedersehen, Sean." Das war der einzige Teil seines Namens, den sie kannten. Sie hielten sie offenbar für ein Mitglied der Meagher-Familie, denn hätten sie sie als eine der

O'Keeffes erkannt, wären sie wahrscheinlich die Straße heruntergekommen, um ihr eigenes Haus zu durchsuchen, in dem wir uns zu der Zeit befanden.

Sergeant Wallace war der Leiter der Polizeieinheit und mit ihm waren unter anderem Reilly und Ring. Sie brachten ihren Gefangenen zur Roskeen-Kaserne und ließen sofort nach Thurles ausrichten, dass sie einen bewaffneten Mann mit Vornamen Sean gefangen genommen hätten. Bald traf ein Polizeiwagen aus Thurles ein, um ihren Gefangenen in die Stadt zu eskortieren, und einer der Männer erkannte ihn als einen der lang gesuchten Männer aus Soloheadbeg.

Nach seiner Verhaftung rannte einer der Meaghers die Straße hinunter zu Patrick Kinnanes Haus, zwischen Meaghers und O'Keeffes, und bat ihn, uns anderen von Seans Verhaftung zu berichten.

Als Sean Hogan in ihre Hände fiel, griffen die Peelers zu jeder List, um ihn dazu zu bringen, Informationen preiszugeben. Zuerst versuchten sie, die Informationen aus ihm herauszukitzeln, denn sie sahen, dass er noch ein Junge war. Ihre Bemühungen scheiterten, und dann änderten sie ihre Taktik. Sie schlugen ihn und verprügelten ihn gnadenlos, aber auch hier verfehlten sie ihr Ziel; denn auch wenn Sean Hogan nur ein Junge war, was seine Jahre anging, war er ein Mann, was Charakterstärke und Loyalität gegenüber seinen Kameraden anging. Kein Wort würde er erzählen, selbst wenn sie ihn zu Tode foltern würden.

Dann versuchten sie es mit einem weiteren Plan. Einer der Polizisten, der vorgab, sein Freund und Berater zu sein, erzählte ihm ruhig, dass er von Breen und Treacy verraten worden sei, die sich, wie sie sagten, auf dem Weg nach London befänden, nachdem man ihnen für die Informationen, die sie gegeben hatten, eine Begnadigung und eine riesige Geldsumme gewährt hatte. Darauf folgte ein deutlicher Hinweis, dass, wenn Hogan die Informationen durch sein Wissen über die Organisation und ihre Pläne ergänzen würde, auch er gut belohnt würde und ihm geholfen würde, das Land zu verlassen, anstatt sich auf dem Weg zum Galgen zu befinden. Aber JJ kannte seine alten Kameraden zu gut, um auch nur einen Moment lang zu glauben, dass sie ihn verraten oder im Stich gelassen hätten. Alle Drohungen und Schmeicheleien der Peelers waren vergebens. Er weigerte sich, ihre Frage zu beantworten, und tat schließlich nicht einmal so, als ob er ihnen zuhörte.

schließlich in den Zug nach Cork Jail gesetzt. Thurles liegt nur etwa 30 Meilen von Knocklong entfernt, und als wir diesen Bahnhof erreichten , wiederholte sich die Geschichte erneut. Als ich am Abend zuvor an Ballyneety vorbeifuhr, waren meine Gedanken in die Tage von Sarsfield zurückgegangen; zu der historischen Episode der Zerstörung von König Williams Truppenzug. Es gab keine Geschichte, die ich als Junge mehr liebte.

Es war eine Geschichte von Wagemut und dramatischem Triumph, und ich malte mir die Bestürzung der englischen Truppen aus, deren Losungswort „Sarsfield" war, als auf ihre Herausforderung die grimmige Antwort kam: „Sarsfield – und Sarsfield ist der Mann!" Als Junge träumte ich oft davon, wie stolz ich gewesen wäre, wenn ich in dieser Nacht mit Sarsfields kleiner Truppe von Limerick aus losgeritten wäre, um den Invasoren Angst und Schrecken einzujagen.

BAHNHOF, KNOCKLONG.

Auf dem Zug von Thurles nach Knocklong hörte Sergeant Wallace nicht auf, Hogan wegen seiner misslichen Lage zu verspotten. Unterwegs fragte er wiederholt mit wildem Spott: „Wo ist Breen jetzt?" und um das Unglück seines hilflosen Gefangenen noch zu steigern, begleitete er jede Frage mit einem Bajonettstich. Dies sind einige der Dinge, die die Welt nicht wusste, als sie uns lange Zeit als kaltblütige Mörder betrachtete. Viele unserer Männer können solche Geschichten erzählen und ihre eigenen Leichen als Beweis vorlegen, genau wie uns der Zustand des armen Hogan bezeugte, als wir ihn retteten.

Sogar als der Zug in Knocklong einfuhr, wiederholte Wallace noch einmal seine spöttische Frage : „ Wo sind Breen und Treacy jetzt? Sie haben dich verkauft, damit du gehängt wirst." Bevor er seine Frage beendet hatte, lieferten ihm Breen und Treacy die Antwort – eine Antwort, die er nicht erwartet hatte und die ihn von weiteren Aufstiegsmöglichkeiten in dieser Welt ausschloss.

Und nun fahre ich mit meiner Erzählung fort. Als der letzte Schuss gefallen war und Constable Reilly vom Schauplatz geflohen war, verließen wir den Bahnsteig. Die Leute waren zu Tode erschrocken. Viele waren voller Angst vom Bahnhof geflohen. Andere hatten hinter den Mauern und Torpfeilern Schutz gesucht. Einige, die zu sprachlos waren, um zu fliehen, sahen uns erstaunt an. Keiner wagte es, sich uns zu nähern, und das überrascht mich nicht, denn noch nie zuvor hatte der alte Galteemore auf einem bis dahin ruhigen und friedlichen Landbahnhof auf eine so seltsame Gruppe herabgesehen. Insgesamt waren wir neun, einer war ein Gefangener mit Handschellen und vier waren verwundet und mit dem Blut von uns selbst und unseren Feinden bespritzt.

Ich konnte nicht mehr gehen und mir wurde jetzt klar, dass mein letzter Schuss aus meinem Revolver abgefeuert worden war und dass es jeden Moment sehr wünschenswert sein könnte, ihn nachzuladen, aber mein rechter Arm war tot und ich konnte nicht nachladen. Ich sah mich um. Vor dem Bahnhof sah ich ein Auto, das offensichtlich auf jemanden wartete, der aus dem Zug kommen wollte. Mit meinem leeren Revolver in der linken Hand hielt ich das Auto hoch. Ich glaube, mein Anblick hätte jedem Christen Angst eingejagt, ganz zu schweigen davon, dass er mein Gewehr anlegen wollte. Auf dem Bahnsteig, als ich auf das Tor zusteuerte, war mir ein Schwindelanfall, wahrscheinlich die Folgen meiner Wunden und des Blutverlusts, überfallen worden, und ich war schwer gegen die Wand gefallen, und Blut strömte aus meinem Kopf. Ich konnte kaum gehen. Ich tastete mich weiter. Die Leute um mich herum rannten bei meinem bloßen Anblick davon, viele von ihnen kreischten. Endlich kam mir jemand zu Hilfe. Er war in Khaki gekleidet – ein Ire in Englands Armee! Die Ironie daran bringt mich heute zum Lächeln. Ich glaube, es war derselbe Mann, der im Zug „Hoch die Republik" gerufen hatte. Sicher bin ich mir jedoch nicht, denn einige Leute erzählten mir hinterher, dass an jenem Abend ebenfalls ein amerikanischer Soldat in Khaki am Bahnhof war. Ich glaube auch, dass der Soldat, der die Republik angefeuert hatte, später von seinen Offizieren vor ein Kriegsgericht gestellt wurde. Wer mir aber auch geholfen hat, wenn sein Blick diese Worte berührt, soll er meinen Dank annehmen. Ich vergaß damals, ihm meine Dankbarkeit zu zeigen.

Auf seinen Arm gestützt kämpfte ich mich vom Bahnhofsgelände auf die Straße. Er fesselte mich halb und trug mich halb, denn ich wurde mit jedem Augenblick schwächer. Wahrscheinlich verlor ich auch meine Sinne, denn ich vergaß völlig, das Auto zu benutzen, das ich aufgehalten hatte, und ließ es zurück.

Der Rest der Gruppe war draußen auf der Straße. Mit einem Fleischermesser, das sie von einem Mann namens Walsh besorgt hatten, zerbrachen sie die Handschellen, mit denen Sean Hogan gefesselt war, und er war wieder ein freier Mann. Die unverletzten Männer nahmen ihn in ihre Obhut und brachten ihn an einen sicheren Ort.

Wir anderen vier – Ned O'Brien, Treacy, Scanlon und ich – machten uns auf den Weg zu Shanahan. Ich kann mich kaum an diese Reise erinnern; es wurde dunkel und wir kannten die Straße nicht gut. Ich verlor die ganze Zeit Blut. Wir brauchten bestimmt Stunden, um das Haus zu erreichen. Wir waren alle schwach. Auf einem Feld auf dem Weg trafen wir einige Jungs aus der Nachbarschaft. Sie kamen uns zu Hilfe und halfen uns, unser Ziel zu erreichen.

Ich wurde sofort zu Bett gebracht und der Priester und der Arzt wurden gerufen. Beide kamen bald an. Dr. Hennessy aus Galbally war sehr freundlich zu mir, aber sowohl der Priester als auch der Arzt betrachteten meinen Fall als hoffnungslos. Man sagte mir, dass ich nur noch etwa vierundzwanzig Stunden zu leben hätte, da die Kugel mitten durch meinen Körper gegangen war und die Lunge durchbohrt hatte, und ich eine enorme Menge Blut verloren hatte. Diese Nachricht war ziemlich freudlos, aber ich hatte nicht einmal vierundzwanzig Stunden Zeit, um in Frieden zu sterben.

Als ich bei Shanahan ankam, hatten meine Kameraden sofort eine bewaffnete Wache unter einem Kerl namens Clancy aus Cush, Knocklong, mobilisiert. Ich durfte den Briten nicht lebend in die Hände fallen. Späher wurden ausgesandt, um alle Zugänge zum Haus zu beobachten. Wir wussten, dass das Land von Truppen- und Polizeikolonnen überschwemmt sein würde. Die ganze Nacht hindurch – wie ich später erfuhr – wurden Verstärkungen in die Nachbarschaft geschickt und die Polizeigarnisonen in Doon, Oola, Galbally und allen umliegenden Dörfern und Städten verstärkt. Tagelang danach wurde in diesem Teil von East Limerick und South Tipperary Haus für Haus durchsucht und sogar die Friedhöfe nach frischen Gräbern abgesucht, da die Zeitungen berichteten, dass „zwei der Angreifer vermutlich tödlich verwundet worden waren".

Ich kann es auch nicht lassen, an dieser Stelle an einen Vorfall zu denken, der sich an jenem denkwürdigen Abend zugetragen hat. Ich erfuhr später aus bester Quelle davon. Vier Polizisten aus Elton, ein paar Meilen von Knocklong entfernt, hörten die Schüsse auf der Wache und rannten in ihre Kaserne zurück. Dort blieben sie, und die Tür war verschlossen, bis County Inspector Egan in einem Auto ankam und in die Baracke einbrach. Dabei brüllte er: „Ihr Feiglinge! Hier versteckt ihr euch, während vier unserer Männer erschossen wurden und die Mörder auf freiem Fuß sind!"

Doch wenige Stunden nach meiner Ankunft bei Shanahan, nachdem der Priester und der Arzt sich um mich gekümmert hatten, eilten unsere Späher herbei und berichteten, dass die feindlichen Stoßtrupps uns dicht auf den Fersen seien. Es wurde in aller Eile ein Kriegsrat abgehalten. Meine Kameraden besorgten ein Auto und brachten mich wieder weg, ohne sich auch nur die Zeit zu nehmen, für den Mann zu beten, der am nächsten Tag sterben sollte. Sie fuhren mich mitten durch die Stadt Kilmallock, und ich erfuhr erst am nächsten Nachmittag, dass wir tatsächlich an der RIC-Kaserne vorbeigekommen waren, wo der tote Constable Enright und der sterbende Sergeant aus Knocklong weggebracht worden waren. Aber es gab keinen anderen Fluchtweg – wir mussten aus dem Netz herauskommen, das sich um Knocklong schloss. Wir nutzten unsere Chance und das Glück war uns hold. Meine Kameraden waren sich des Ernstes der Lage und der Risiken, die sie eingingen, als sie mit dem Auto durch die Stadt Kilmallock fuhren, völlig bewusst, aber ich war mir glückseligerweise nichts bewusst, außer der Tatsache, dass ich bald „den Jordan überqueren" würde. Unsere Jungs haben immer geglaubt, dass derjenige, der seine Hand an den Pflug legt, nicht umkehren darf. Sie wussten nie, was „umkehren" bedeutet. Ihr Leitgedanke war „Weiter, immer weiter". Das war der Geist, der sie durch den glorreichsten Kampf der irischen Geschichte getragen hat. Es ist der Geist, der sie bis zum Ende tragen wird.

Als ich am nächsten Tag aufwachte, war ich wieder in West Limerick, in der Obhut von Sean Finn.

Lassen Sie mich noch einmal innehalten, um Ihnen die Fortsetzung der Rettung von Knocklong zu erzählen. Alle von uns, die daran teilnahmen, waren entweder bereits auf der Flucht oder mussten von nun an fliehen, mit Ausnahme von Sean Lynch und JJ O'Brien, die zu ihrem Geschäft zurückkehrten. Beide schlossen sich später Dinny Lacys berühmter South Tipperary-Kolonne an und kämpften während des gesamten Black and Tan-Kriegs. Ned O'Brien und Scanlon mussten kurz darauf nach Amerika fliehen, da ihre Gesundheit angeschlagen war. Sie sind jetzt wieder in Irland.

Ein Jahr später wurde ein Bruder Scanlons von den Briten in Limerick erschossen, während er in ihrer Gewalt war. Nach der Rettung nahmen die Briten mehrere Personen wegen Verdachts fest. Alle, bis auf drei, wurden schließlich freigelassen; aber der arme Martin Foley und Maher wurden, nachdem sie fast zwei Jahre im Gefängnis verbracht hatten, am 6. Juni 1921 – einen Monat vor dem Waffenstillstand – in Dublin gehängt. Der dritte Gefangene, ein ehemaliger Soldat (britisch), wurde vor Gericht gestellt, aber freigesprochen.

In West-Limerick fanden meine Kameraden und ich Zuflucht und wurden gastfreundlich aufgenommen. Sean Finn war die personifizierte Freundlichkeit, und alle um ihn herum waren ebenso freundlich zu uns. Besonders freundlich und gutmütig waren die Sheehans, Keanes, Longs, Duffys und Kennedys, aber unsere guten Zeiten sollten nicht lange währen. Der Feind war uns wieder auf der Spur. Wir erfuhren von allen seinen Bewegungen durch unseren Geheimdienst, denn Sie müssen verstehen, dass wir, egal wohin wir gingen, mit unserem Geheimdienst in Verbindung bleiben mussten.

Wir zogen weiter nach Westen, in Richtung der Grenze zu Kerry. Sogar hier war der Weg zu heiß, und wir mussten die Grenze nach Kerry selbst überqueren. Zu diesem Zeitpunkt war ich auf dem Weg der Besserung. Dann, wie auch in einem späteren Stadium, gewöhnte ich mir an, alle medizinischen Präzedenzfälle zu missachten und darauf zu bestehen, zu leben, obwohl ich nach allen Spielregeln hätte sterben müssen. Als ich Kerry erreichte, konnte ich sogar ein wenig laufen, obwohl ich etwas Unterstützung brauchte. Aber ich konnte nicht weit laufen. Das war ein größerer Nachteil für uns, denn die englischen Truppen waren so damit beschäftigt, Tag und Nacht das Land nach uns abzusuchen, dass wir nicht daran denken konnten, Autos oder Fahrzeuge jeglicher Art zu benutzen, da die Straßen für uns gesperrt waren.

Ein positiver Aspekt erleichterte unsere Last immer. Es war Sean Treacys Sinn für Humor. Egal wie düster die Aussicht war, Sean machte immer seinen kleinen Scherz und wir mussten mit ihm lachen. In Knocklong war er durch die Zähne und den Mund geschossen worden und noch lange danach schmerzte sein Mund sehr. Zu der Zeit litt ich noch schwer unter meiner Wunde in Lunge und Körper. Daher hatten wir beide Schwierigkeiten, unseren Appetit zu stillen. „Dan", sagte Sean zu mir, „ich wünschte, ich hätte deinen großen Kopf für eine halbe Stunde. Ich bin furchtbar hungrig, aber ich kann nicht essen. Du kannst zwar essen, aber du wirst nicht essen." An einem anderen Abend fuhren wir bei einer anderen Gelegenheit durch Cullen nach Tipperary. Dies war ein sehr gefährlicher Bezirk für uns, da er im Kriegsgebiet lag und nur wenige Meilen von Soloheadbeg oder Knocklong entfernt war. Außerdem liefen wir in der Nähe unseres Heimatbezirks immer Gefahr, von zu vielen Leuten gesehen und erkannt zu werden. Plötzlich, während wir mit voller Geschwindigkeit fuhren, forderte uns Sean auf, anzuhalten. Wir waren etwas überrascht, weil wir wussten, wie viel jede Verzögerung für uns alle bedeuten könnte, aber wir stiegen ab. Gleichzeitig regnete es in Strömen. Sean wandte sich der Reihe nach an jeden von uns und bat uns feierlich um eine Nadel. Jeder von uns sagte, dass wir keine solche Nadel hätten, denn in Wahrheit wollte niemand in einer solchen Nacht seinen Mantel öffnen.

„Wofür brauchst du eine Anstecknadel?", fragte ich ihn.

„Also", antwortete er, „ich fürchte, meine Krawatte sitzt nicht richtig!"

Ich hatte noch nie so viel Lust, meinem alten Kameraden eine reinzuhauen. Ich bin sicher, dass es den anderen genauso ging; aber wir mussten lachen, als wir aufstiegen und weiterritten und dabei nicht gerade schmeichelhafte Bemerkungen über die Eitelkeit mancher Leute machten. Solche kleinen Vorfälle halfen uns auf unserem Weg und halfen oft, die Düsternis zu vertreiben, die uns umgab.

Aber um unsere Geschichte fortzusetzen. Wir blieben einige Tage in Kerry und amüsierten uns gelegentlich mit der Lektüre der vielen grotesken Berichte, die über die Rettung von Knocklong gedruckt wurden. Tag für Tag lasen wir auch, wie Priester, Bischöfe und Politiker unser schreckliches Verbrechen (die Rettung unseres jungen Kameraden) anprangerten. Wir lasen die Beileidsbotschaft des Königs an die Angehörigen seiner armen Mietlinge und auch die von Lord French. Die meisten Leute aus Kerry, mit denen wir in Kontakt kamen, waren sehr freundlich zu uns; vor allem werden wir die O'Connors, die Hickeys und die Ahearns nie vergessen.

Nach unserem Aufenthalt in Kerry kehrten wir in die Grafschaft Limerick zurück und blieben die ganze Zeit am Ufer des Shannon. Unsere Wunden heilten inzwischen schnell und wir fühlten uns wieder stark. Wir gingen fast jeden Tag baden und fischten ziemlich viel. Wir mussten etwas tun. Keiner von uns konnte jemals einen Tag der Untätigkeit ertragen.

KAPITEL XIII.
VIELE KNAPPE-NÄHE.

Eines Tages, als wir noch in West- Limerick waren , gelang uns vermutlich unsere knappste Flucht nach der Knocklong-Affäre. Es war im Juni 1919. Durch pures Glück waren wir eine halbe Meile außerhalb einer großen Einkesselungsbewegung, die uns hätte einfangen sollen.

Dies war der sechste große Versuch des Feindes, uns ins Netz zu packen, und jedes Mal griffen sie mit Tausenden von Soldaten an, um vier von uns zu fangen. Sie wussten inzwischen, dass jeder von uns vier bewaffneten Widerstand leisten würde, und dass viele von ihnen, wenn das Glück einigermaßen günstig war, fallen und nie wieder aufstehen würden, bevor sie uns tot oder lebendig erwischten. Jetzt wurden öffentlich und privat großzügige Belohnungen für Informationen über unsere Bewegungen ausgesetzt. Unsere Beschreibungen wurden im Fernsehen veröffentlicht und sogar aus Militärflugzeugen abgeworfen, mit der Aussicht auf britisches Gold für jeden, der uns verraten würde. Es war eine besondere Pflicht für jeden Polizisten in Irland und jeden Geheimdienstoffizier in der britischen Besatzungsarmee, unsere Beschreibung zu erfahren. Etwa zu dieser Zeit perfektionierte die britische Regierung auch ihre Geheimdienstmaschinerie in Irland. Es hatte seit Generationen immer einen kostspieligen Geheimdienst gegeben; aber es war keine gefährliche Arbeit, die sich hauptsächlich auf die Aktivitäten harmloser Politiker bezog. Jetzt jedoch wurde die Arbeit gefährlicher. Außerdem wurde unser Geheimdienst zu einer ernstzunehmenden Größe; Dublin Castle musste sich in Bewegung setzen. Wie wir alle wussten, wurden die Beamten dort immer wieder streng gerügt, weil sie uns nicht gefasst hatten. Sie antworteten immer, die Leute würden keine Informationen geben, es gebe nur sehr wenige Informanten und diese seien sehr vorsichtig, und man könne Scotland Yard um Hilfe bitten. Gleichzeitig deuteten sie an, dass man einige in England lebende Iren bitten könnte, für den Geheimdienst zu arbeiten, da man derzeit nur sehr wenige in Irland finden könne.

Im Sommer dieses Jahres reorganisierte die britische Regierung deshalb ihren Geheimdienst in Irland und stützte sich dabei hauptsächlich auf ehemalige Soldaten irischer Herkunft. Die Zeitungen jener Zeit können berichten, wie viele von ihnen in den folgenden zwei Jahren den Preis für ihren Verrat bezahlten. Wir haben sie alle auf die eine oder andere Weise entlarvt. Wenn ein Grund mehr als ein anderer für den Erfolg der IRA verantwortlich ist, dann ist es der, dass wir ihrem Geheimdienst auf Schritt und Tritt begegneten und ihn zerschlugen, bis es am Ende praktisch nichts mehr von einem britischen Geheimdienst gab.

Noch ein Wort zu diesem Thema. Ich weiß, dass viele Leute damals überrascht waren über die Zahl der Männer, die mit dem Schild an ihren Leichen gefunden wurden : „ Spione aufgepasst – von der IRA hingerichtet". Manche Leute fragten sich, ob Fehler gemacht worden waren, ob einer dieser Männer ohne ausreichende Beweise hingerichtet worden war. Ich kann sagen, dass in den Fällen, die mir bekannt wurden, immer genügend Beweise vorlagen, um auch die Gewissenhaftesten zu überzeugen. Wir machten keine Fehler, es sei denn, wir ließen tatsächlich viele entkommen, gegen die es ausreichend Beweise gab, obwohl wir ihnen den Vorteil des geringsten Zweifels gaben.

Aber die „Knocklong Gang", wie wir manchmal genannt wurden, war den Spionen und den Bataillone, die sie aufspüren sollten, immer einen Schritt voraus. Ich weiß, dass sie oft ziemlich gute Informationen über uns bekamen. Zu der Zeit, die ich erwähnt habe – Juni 1919 – wussten sie wahrscheinlich, dass wir uns manchmal in West-Limerick oder Nord-Kerry, nahe der Mündung des Shannon, aufhielten. Nach diesem großen Überfall, den wir nur knapp verpasst hatten, hielten wir es für ratsam, unser Quartier noch einmal zu wechseln – und überquerten die Grenze nach East Clare, immer noch dicht am Ufer des Shannon. Wir hielten uns durch viel Bewegung fit, hauptsächlich durch Schwimmen, denn wir hatten die Vorstellung, dass uns ein guter Schwimmzug irgendwann einmal aus der Patsche helfen könnte. Niemand konnte behaupten, dass wir zu dieser Zeit nicht das gesunde Leben primitiver Menschen führten. An vielen Tagen genossen wir zehn oder zwölf Stunden eines herrlichen Sommersonnenbads. Eines Tages, als wir in Clare waren, sonnten wir uns am Shannon, als ein von Polizisten bemanntes Boot direkt neben uns vorbeifuhr. Wir schenkten dem damals keine besondere Beachtung und dachten, das Ganze sei bloßer Zufall. Als wir am Abend zu dem Haus zurückkehrten, in dem wir übernachteten, stellten wir zu unserer Überraschung fest, dass das Boot Teil eines Suchtrupps war, der uns erneut auf die Spur gekommen war. Sie hatten nie geahnt, wer wir waren, also hatte uns unsere Rücksichtslosigkeit einmal mehr gerettet – oder sie?

Wahrscheinlich suchten die Polizisten um die Ecken von Felsen herum oder spähten unter Büschen, wo sie vermuteten, dass wir uns versteckten. Sie wären erstaunt gewesen, wenn sie gewusst hätten, dass wir uns oft in Hörweite ihrer eigenen Kaserne befanden. Tatsächlich trennte uns oft nur ein einziger Ziegelstein von einer Polizeigarnison, und mehr als einmal waren wir interessierte Zuschauer, die aus dem Fenster beobachteten , wie mit Soldaten beladene Lastwagen loszogen, um uns zu suchen.

Es gibt noch eine andere mögliche Erklärung für solche Vorfälle wie den am Shannon. Ich bin sicher, dass mehr als ein Polizist, den wir auf einer Landstraße trafen, vermutete, wer wir waren; aber diese Peelers hielten Diskretion oft für die bessere Wahl. Wir wurden nie nach Visitenkarten gefragt. So mancher Polizist war in solchen Situationen überzeugt, dass er seiner Frau und seiner Familie keinen Gefallen tun würde, wenn er versuchte, uns festzunehmen. Ich sage auch nicht, dass er Unrecht hatte.

In kurzer Zeit wurde es uns in Clare zu heiß. Die Brennan Brothers standen nicht gerade auf den besten Füßen mit den britischen Garnisonen in dieser Grafschaft, und schließlich wurden die Beziehungen so angespannt, dass die Briten auch dort das Kriegsrecht verhängten. Das Kriegsrecht und wir waren nie besonders gute Freunde; vielleicht lag es daran, dass wir uns zu gut kannten. Jedenfalls überquerten wir den Shannon noch einmal und befanden uns diesmal in Nord-Tipperary.

Im Haus einer Familie namens Whelehan kam ich zum ersten Mal mit Ernie O'Malley in Kontakt. Die Whelehans waren sehr nett zu uns. Während ich dort war, besuchten uns „Widger" Meagher und Frank McGrath – beide berühmte Sportler und der spätere Brigadekommandant der IRA in North Tipperary.

Wir verbrachten auch eine Weile in Mid. und South Tipperary. Zu dieser Zeit war Geld eines unserer dringendsten Bedürfnisse. Wir wussten, dass viele es uns gerne geben würden, aber es war nicht einfach, mit den richtigen Leuten in Kontakt zu kommen. Die Leute, die wir am häufigsten trafen, waren wie wir selbst auf der Flucht und in einer Notlage.

Eamon O Duibhir aus Ballagh, in dessen Haus, wie Sie sich erinnern werden, der Tanz in der Nacht stattfand, in der Sean Hogan gefangen genommen wurde, war ein guter Freund von uns und versorgte uns mit Geld. Einmal mussten wir in einem alten Schloss übernachten – Castle Blake, in der Nähe des Rockwell College. Diese alte Burgruine war später vielen der Jungen auf der Flucht ein guter Freund, da sie eine Art Geheimwohnung hatte. Zu Beginn des Bürgerkriegs war sie Schauplatz einer traurigen Tragödie, als zwei Republikaner – Theo English aus Tipperary und Mick Summers – von Truppen des Freistaats überrascht und bei der darauf folgenden Auseinandersetzung getötet wurden.

Schließlich wurden wir wieder unruhig. Das Land zeigte Anzeichen, unserem Beispiel zu folgen, aber zu diesem Zeitpunkt waren die Anzeichen noch gering – ein seltsamer Angriff auf eine Polizeikaserne und die Eroberung eines oder zweier Gewehre von einem Soldaten hier und da. Wir hatten das Gefühl, dass die Zeit für energischere und umfassendere Maßnahmen gekommen war. Wir wussten, dass wir in Tipperary oder jenseits der Grenze von Offaly auf keinen Fall sicher bleiben konnten. Wir diskutierten unsere Position immer wieder und waren uns immer einig, dass wir das Leben, das wir jetzt führten, nicht weiterführen konnten. Um zu vermeiden, von denen, die uns hätten beistehen sollen, nach Amerika verfrachtet oder verbannt zu werden, mussten wir Dublin meiden und in einem abgelegenen Teil des

Landes bleiben. Wir waren nicht länger damit zufrieden, diesen Zustand zu akzeptieren. Wir wollten genau wissen, wie es um das Land stand, wie es um uns stand und wie es um die gesamte Freiwilligenarmee stand. Schließlich ließen Sean Treacy und ich Robinson und Hogan in Nordtipperary zurück und radelten direkt nach Dublin. Unterwegs erlebten wir keine Abenteuer. In Maynooth besuchten wir Donal Buckley, ein Mitglied des Dail Eireann, der zu Fuß nach Dublin gegangen war, um am Aufstand von 1916 teilzunehmen. Er hielt, was er versprochen hatte. Wir bekamen sein Haus zur Verfügung gestellt und blieben drei oder vier Tage dort, obwohl er versuchte, uns länger festzuhalten.

In Dublin machten wir uns wieder auf den Weg zu Phil Shanahan. Jeder Mann aus Tipperary, der auf der Flucht war oder ein gutes Abendessen wollte, ging zu Phil. Später trafen wir Mick Collins, den damaligen Generaladjutanten der Irish Volunteers. Wir unterhielten uns lange und sprachen Klartext. Schließlich erklärte sich Mick bereit, dafür zu sorgen, dass wir in Dublin blieben. Mit dieser Zusicherung bestiegen wir wieder unsere Fahrräder und fuhren zurück aufs Land, um Seumas Robinson und Sean Hogan zu besuchen.

Zu dieser Zeit war ich als Priester verkleidet. Das war damals keine ungewöhnliche Verkleidung. Die Peelers und Soldaten vermuteten wahrscheinlich, dass viele der Priester, die sie auf Reisen sahen, mehr über Waffen als über Theologie wussten, überfielen aber selten einen von ihnen. Sie befanden sich damals nicht im offenen Krieg mit Männern und Frauen, Priestern und Kindern. Es hätte zu viel nationalen Aufruhr gegeben, wenn ein Priester verhaftet worden wäre, und da die alten Peelers noch immer überwiegend katholisch waren, gaben sie verdächtig aussehenden Priestern den Vertrauensvorschuss. Im nächsten Jahr verhafteten sie nicht nur Priester, sondern sperrten mehrere ein und ermordeten drei von ihnen.

SEAMUS ROBINSON.

Bei dieser Gelegenheit stellte ich bei meiner Ankunft in Maynooth fest, dass mein Hinterreifen einen schweren Platten hatte. Ich hielt es nicht für meine geistliche Würde, den Platten selbst zu reparieren, und außerdem hatte ich für diese Art von Arbeit keine Geduld. Also schob ich mein Rad in die Werkstatt eines örtlichen Fahrradmechanikers und bat ihn, es sofort zu reparieren. Offenbar war er ein Mann, der daran glaubte, dass jeder Kunde an die Reihe kommen sollte, denn er sagte mir, er könne die Arbeit erst in ein paar Stunden erledigen. Ich machte ihn darauf aufmerksam, dass ich dringende Geschäfte machen müsse, aber das war alles sinnlos. Schließlich riet er mir, zum College zu gehen – Maynooth College, das weltgrößte College für die Ausbildung katholischer Priester –, wo sie leicht jemanden finden würden, der es reparieren könnte. In meiner Wut über diese Ablehnung vergaß ich für einen Moment, dass ich die Kleidung eines Friedens- und Wohlwollensministers trug. Ich sagte dem Fahrradmechaniker in einer Sprache, die eher energisch als priesterlich war, was ich von ihm hielt, und ich bin sicher, der arme Mann war erstaunt und schockiert über die Freiheiten, die sich die heutigen Geistlichen mit der englischen Sprache nehmen. Er starrte mich immer noch erstaunt an, als ich mein kaputtes Fahrrad aus der Tür schob.

Ich hatte keine Lust, das College zu besuchen. Unter den Studenten würde ich viele Freunde finden, die mir helfen wollten, aber ich hatte Angst, dass der Präsident und die Professoren nicht sehr erfreut darüber sein würden, einen Schützen zu finden, der sich als Geistlicher ausgab, und ich bezweifelte, ob ich in der Lage wäre, die Rolle zu spielen und so zu tun, als wäre ich ein Priester. Ich muss wohl nicht erwähnen, dass ich kein Latein beherrschte, und ich brachte Priester immer mit dieser Sprache in Verbindung.

Trotzdem musste ich den Reifen flicken lassen. In einem Anfall von Tapferkeit wandte ich mich der Polizeikaserne zu. An der Tür begegnete mir ein Polizist, der vor mir den Hut lüftete, und mit einer Würde, die einem Erzbischof Ehre gemacht hätte, erwiderte ich seinen Respektsbeweis.

Ich erzählte ihm von meinen Schwierigkeiten. Konnte er mir bei der Reifenpanne helfen? „Natürlich, Vater", antwortete er. „Ich kann Ihnen alles, was Sie brauchen, im Handumdrehen besorgen. Und wenn es Ihrer Ehrwürdigkeit nichts ausmacht, helfe ich Ihnen dabei."

Innerhalb von zwei Minuten war die ganze Garnison draußen und überrannte sich gegenseitig in ihrem Eifer, Lösungen, Flicken und andere notwendige Dinge zu bekommen. Hinter der Tür sah ich Dutzende gedruckter Mitteilungen und offizielle Dokumente, die an die Wände geklebt waren. Darunter befand sich, da bin ich mir sicher, eine ausführliche

Beschreibung von Dan Breen und das Versprechen einer hohen Belohnung für seine Ergreifung.

Als die Arbeit erledigt war , dankte ich den Peelers überschwänglich für ihre Freundlichkeit und ritt davon. Ich schätze, es war unhöflich von mir, meine Karte nicht beim Sergeant zu hinterlassen.

In dieser Nacht erreichte ich die Grenze von Tipperary und Offaly und traf die anderen. Ein paar Tage später waren wir alle vier sicher in Dublin untergebracht, das für die nächsten Monate unser neues Hauptquartier sein sollte. Innerhalb weniger Wochen planten wir, die Welt aufzurütteln, indem wir den Chef der britischen Regierung in Irland erschossen.

KAPITEL XIV. AUF
DEN SPUREN VON LORD FRENCH.

Als wir im Herbst 1919 in Dublin ankamen, deuteten viele Anzeichen darauf hin, dass der Krieg mit den Briten bald beginnen würde. Jeder, der die Situation zu dieser Zeit richtig einschätzte, hätte den intensiven Guerillakampf vorhersehen können, der anderthalb Jahre dauern sollte. Es gab immer mehr Überfälle auf Waffen und Angriffe auf Polizeistreifen waren keine Seltenheit. Aber es gab noch keinen offenen Krieg. Britische Soldaten und Polizisten konnten sich relativ sicher bewegen. Die größte Gefahr für uns in Dublin waren die „G"-Männer, Dublins Scotland Yard. Dabei handelte es sich um die Kriminalpolizei der Dublin Metropolitan Police, die von den Steuerzahlern Dublins bezahlt wurde, um Kriminelle aufzuspüren. Heute ist sie jedoch hauptsächlich für politische oder militärische Zwecke eingesetzt. Wir wussten, dass viele von ihnen Kriminelle nicht mehr der kriminellen Klasse widmeten, sondern sie als „Schmuggler" oder „Späher" einsetzten, um Männer zu beschatten oder Informationen zu beschaffen. Im Herbst 1919 waren die „G"-Männer, von denen es insgesamt einige Dutzend gab, hauptsächlich damit beschäftigt, das britische Militär bei nächtlichen Razzien in den Häusern von Sinn-Fein-Mitgliedern zu unterstützen und anzuleiten oder bei Razzien, bei denen Sinn-Fein-Literatur beschlagnahmt werden sollte. Sie betraten sogar Versammlungen von Sinn Féin, um sich die Reden zu notieren, und obwohl viele von ihnen fast jedem in Dublin bekannt waren, hatten sie keine Angst, denn zu dieser Zeit bekamen sie selten mehr als eine Tracht Prügel, wenn sie identifiziert wurden. Tag für Tag las man in den Zeitungen von Razzien in den Häusern harmloser Leute, die in ihrem Leben noch nie eine Schusswaffe in der Hand hatten. Es war diese Form kleinlicher Tyrannei, die viele zum Handeln stachelte. Jungen und Mädchen, ganz zu schweigen von Männern und Frauen, wurden für Vergehen wie den Besitz einer Kopie eines irischen Liedes eingesperrt. Das war mehr, als Fleisch und Blut ertragen konnten.

Gegen Ende des Jahres wurden mehrere notorisch widerwärtige „G"-Männer auf der Straße erschossen oder verwundet, und in jedem Fall konnten ihre Angreifer sicher entkommen. Alle anderen Mittel, diese Männer zur Vernunft zu bringen oder ihnen klarzumachen, dass sie die Rolle von Spionen und Verrätern spielten, waren versucht worden, aber gescheitert. Infolge der Massenangriffe auf sie war es ihnen schließlich unmöglich, in ihren Häusern zu leben oder sich auch nur auf die Straße zu wagen, und sie nahmen ihren Wohnsitz im Dublin Castle, von wo aus sie ab und zu aufbrachen, um Stoßtrupps bewaffneter Truppen zu begleiten. Viele von ihnen traten auch zurück, als ihnen die Lage zu heiß wurde. Ich muss jedoch sagen, dass eine kleine Anzahl, die nicht zurücktrat, nie belästigt wurde, weil sie sich ausschließlich auf ihre gewöhnliche Arbeit beschränkten, nämlich die Verhaftung von Kriminellen. Diese Männer hatten mit unserer Seite eine Vereinbarung getroffen, dass sie ihrer Arbeit nachgehen konnten, sofern sie sich nicht politisch engagierten oder dem Militär halfen. Einige andere, die in der Truppe blieben, traten später unserem Geheimdienst bei und leisteten unschätzbare Hilfe in Form von offiziellen Dokumenten und Informationen, die sie beschaffen konnten. Aus offensichtlichen Gründen kann ich auf diese Angelegenheiten nicht näher eingehen.

Als wir vier aus Tipperary uns in Dublin fast eingelebt hatten und die Stadt gut kannten, hatten wir bald viel zu tun, wie wir es wollten. Ab und zu kam uns ein „G"-Mann auf die Spur, aber wir waren bald mit ihm fertig. Wir gingen ganz frei und ohne Verkleidung durch Dublin. Es war ein üblicher Trick des RIC, einen Mann, der uns kannte, für ein paar Tage aus der Grafschaft Tipperary herzuschicken, in der Hoffnung, uns zu sehen. Diese Männer lernten bald, es zu begreifen. Sie kehrten so schnell wie möglich nach Hause zurück, denn es war nicht gut für ihre Gesundheit, uns zu dicht auf den Fersen zu bleiben. Wahrscheinlich waren auch einige von ihnen, die uns von Zeit zu Zeit zufällig gesehen hatten, klug genug, uns nicht zu kennen.

Wir hatten viele gute Freunde in Dublin. Phil Shanahan war einer unserer Lieblingstreffpunkte, und eine meiner amüsantesten Erinnerungen an diese Zeit ist ein Gespräch, das ich dort eines Abends mit einem DMP-Mann führte, der natürlich keine Ahnung hatte, wer ich war. Er besprach die politische Situation sehr vertraulich mit mir, sogar die Soloheadbeg- und Knocklong-Affären. Er war völlig einverstanden mit den Sinn-Fein-Anhängern – er vermutete, dass ich einer war –, aber er konnte der Tötung nicht zustimmen. Ich glaube, ich habe dem armen Mann den Eindruck vermittelt, dass meine Ansichten die gleichen waren wie seine.

Ryan's von der Monument Creamery in der Parnell Street und Seumas Kirwan's waren neben vielen anderen, die ich im Laufe meiner Erzählung erwähnen werde, ebenfalls offene Häuser für uns. Natürlich trafen wir häufig Gleichgesinnte wie Dick McKee, Peadar Clancy und Tom Keogh, denn zu dieser Zeit gab es nur wenige aktive Schützen, die für die Sache des Landes jedes Risiko eingingen. Viele von denen, die später ihren Mut unter Beweis stellten, bekamen damals nicht die Chance dazu, hauptsächlich, weil diejenigen, die für aktive Maßnahmen waren, dünn gesät waren. Auf die Haltung des Hauptquartierstabs der IRA werde ich bald zu sprechen kommen.

Im Herbst diskutierten meine Kameraden und ich lange und ernsthaft über die Politik, Polizisten und Soldaten zu erschießen. Wir waren der Meinung, dass dies allein nicht ausreiche. Sie, so argumentierten wir, seien nur Werkzeuge höherer Menschen. Ihr Verlust beunruhigte England nicht sehr, da es immer mehr Dummköpfe finden konnte. Warum, so fragten wir uns, sollten wir nicht die obersten Köpfe der britischen Regierung in Irland angreifen? Das würde das Interesse der Welt an Irlands Fall verstärken; es würde die Herzen englischer Staatsmänner in Angst und Schrecken versetzen und es würde sich als wirksamer erweisen, die britische Herrschaft in Irland unmöglich zu machen. England könnte mit ein paar Polizisten weniger gut weitermachen; ohne einen Lord Lieutenant wäre es schwieriger. Außerdem gab es Tausende von Polizisten; aber nur wenige konnten Lord Lieutenant werden, und sie würden es sich zweimal überlegen, den Job anzunehmen, wenn sie riskieren müssten, erschossen zu werden.

Als Ergebnis dieser Diskussionen beschlossen wir schließlich, Vorbereitungen für einen Angriff auf Lord French, den Lord Lieutenant selbst, zu treffen. Tapfere und vertrauenswürdige Männer, denen wir unsere Pläne mitteilten, stimmten bereitwillig zu.

Drei lange Monate lang beobachteten wir ihn, planten und warteten auf ihn. Während der Wartezeit erlebten wir viele bittere Enttäuschungen. Er wurde nur noch sehr selten gesehen und war immer von einer starken Eskorte begleitet. Seine Bewegungen wurden streng geheim gehalten, obwohl unser Geheimdienst uns gut auf dem Laufenden hielt. Sogar die öffentlichen Veranstaltungen, die normalerweise von Vizekönigen besucht wurden, wurden selten von Lord French besucht. Dafür gab es viele Gründe, die meine Geschichte nicht betreffen.

Er wusste kaum, wie knapp er in diesen drei Monaten davonkam. Zwei- oder dreimal verpassten wir ihn um eine Straßenecke, weil er seine Route um eine Ecke änderte. Das war übrigens ein häufiger Plan von ihm – seine Reise vom ursprünglichen Programm abzuweichen. Es war ein Trick, um alle gegen ihn geschmiedeten Pläne zu durchkreuzen, die auf Informationen von innen beruhten. Es zeigte, wie wenig Vertrauen er in die Menschen um ihn herum hatte. Einmal verpassten wir ihn um kaum eine Minute.

Während dieser drei Monate, den letzten Monaten des Jahres 1919, hatten wir nicht weniger als zwölf verschiedene Hinterhalte geplant, um ihn abzufangen. Aber bei jedem dieser zwölf Versuche kam er entweder nicht oder zu spät oder zu früh für unseren Zweck. Diese Pläne standen im Zusammenhang mit Angelegenheiten der Stadt – öffentlichen Veranstaltungen oder Besuchen in Privathäusern. Wir waren natürlich behindert, weil wir es uns nicht leisten konnten, zu lange an einem bestimmten Ort herumzuhängen – unsere Bewegungen hätten Verdacht erregt und wahrscheinlich zu einem plötzlichen Angriff des Militärs geführt.

Als wir das erste Mal auf der Lauer lagen, war Mick Collins bei uns. Ebenso Tom MacCurtain, Kommandant der 1. Cork (City) Brigade, der im März des folgenden Jahres, als er Oberbürgermeister von Cork war, in seinem eigenen Haus von der Polizei ermordet wurde. Auch der arme Dick McKee war dabei. Er war damals Kommandant der Dublin Brigade und hielt es nicht für angebracht, seine Männer Risiken eingehen zu lassen, die er selbst nicht eingehen wollte. Dick wurde ein Jahr später zusammen mit Peadar Clancy ermordet, als er in britischer Gefangenschaft war.

Bei einer anderen Gelegenheit wartete ich vergeblich mit Peadar Clancy zwei Stunden vor der Tür eines Arztes am Merrion Square, den French gelegentlich besuchte. Am 11. November, dem Jahrestag des Waffenstillstands, sollte der Lord Lieutenant an einem Bankett im Trinity College teilnehmen. Wir hatten jede Hoffnung, ihn an diesem Abend abzufangen. Unser Plan war, sein Auto zu bombardieren, als er Grattan Bridge passierte, denn wir wussten genau, zu welcher Stunde er die Kais entlang von der Viceregal Lodge zum College fahren sollte.

Wir waren so sicher, dass alles nach Plan laufen würde, dass einige unserer Männer in der Nähe der Brücke, nur hundert Meter vom Dublin Castle entfernt, tatsächlich die Stifte aus ihren Bomben gezogen und weggeworfen hatten. Es war eine bitterkalte Nacht, und sie standen da, drückten ihre Finger auf die Federn des kalten Metalls und waren bereit, die Bomben abzuwerfen. Aber er kam nicht. Fast zwei Stunden lang mussten unsere Männer die Qual ertragen, die Federn der Bomben festzuhalten, und am Ende mussten sie, so gut sie konnten, mit den kalten Bomben in der Hand, fliehen.

Vierzehn Tage später wurde French am Schloss erwartet, und natürlich würde seine Reise ihn über dieselbe Brücke führen. Wir wussten von den Vorkehrungen und nahmen wieder unsere Positionen ein. Das Wetter war bitterkalt. Es war früher Vormittag, und plötzlich begann es zu schneien. Aber der Schnee machte uns nichts aus. Die Aufgabe, die wir zu erledigen hatten, war zu ernst, um uns durch solche Kleinigkeiten stören zu lassen. Einige von uns liefen im eisigen Schnee auf der Brücke auf und ab und fragten sich, ob wir wieder enttäuscht werden würden, denn die für seine Ankunft festgelegte Stunde war bereits verstrichen. Während wir auf der Brücke waren, kam ein Freund vorbei, der uns erkannte, und der offensichtlich merkte, dass wir unterwegs waren, und mit spitzem Sarkasmus bemerkte: „Das ist ein sehr praktischer Ort, an dem Sie Schutz vor dem Schnee suchen!" Seine Worte ließen uns unsere Lage erkennen. Jeder in den Geschäften rund um die Brücke hätte uns sofort verdächtigt. Da es keinen Sinn zu haben schien, länger zu warten, gingen wir los. Fünf Minuten später stürzten sich Lastwagenladungen von Militär auf die Brücke und hielten jeden in der Nachbarschaft an und durchsuchten ihn. Detektive, die in der

Nähe des Eingangs zum Dublin Castle postiert waren, hatten uns auf der Brücke gesehen und sofort die Viceregal Lodge angerufen, woraufhin French seinen Termin absagte und stattdessen die Truppen kamen. Wir waren gerade noch rechtzeitig weggekommen. Noch ein Beispiel für unser Glück!

Bei all diesen Gelegenheiten waren unsere Informationen über Lord Frenchs Pläne absolut zuverlässig. Zweifellos änderte er seine Pläne oft im letzten Moment, weil er befürchtete, dass unsere Informationsquellen so zuverlässig waren, wie sie sich tatsächlich immer erwiesen.

Persönliche Gründe, die mich nichts angehen, führten auch oft dazu, dass seine Pläne geändert wurden, und natürlich blieben auch die Ratschläge von Schleppern und Spionen nicht ohne Wirkung. Es war sicherlich ein beredter Kommentar zur britischen Herrschaft in Irland, dass das Oberhaupt der Regierung sein Leben in den Händen hielt, wann immer er sich durch die Straßen der Hauptstadt wagte. Wie jeder wusste, war er klug genug, sich nur so selten wie möglich hinauszuwagen, selbst wenn er von einer riesigen Eskorte begleitet wurde; obwohl ich keinen Grund habe, anzunehmen, dass er persönlich kein tapferer Mann war.

Als unsere Geduld schließlich fast erschöpft war, erhielten wir Informationen, die uns Hoffnung machten, unser Ziel zu erreichen. Das war im Dezember 1919. Die Zeitungen jener Tage veröffentlichten selten Informationen über die Bewegungen des Vizekönigs. Selbst wenn er nach England übergesetzt hatte, wurden die Zeitungen gelegentlich erst informiert, als er wieder sicher in Phoenix Park war. Sie wurden nicht dazu angehalten, seine Bewegungen zu verfolgen. Manchmal wurden die Zeitungen jedoch mit Informationen versorgt, die die Öffentlichkeit im Allgemeinen und die IRA im Besonderen absichtlich in die Irre führen sollten. Zu der Zeit, von der ich spreche, hatten die irischen Zeitungen ihre Leser darüber informiert, dass Lord French sich außer Landes befand. Ich glaube, sie gaben sogar an, dass er irgendwo in der Nordsee kreuzte.

Wir wussten es besser. Tatsächlich amüsierte er sich mit einer erlesenen Gesellschaft männlicher und weiblicher Vertrauter in seinem Landsitz French Park, Grafschaft Roscommon. Wir wussten viel mehr über Lord Frenchs Leben, als die Öffentlichkeit je vermutet hätte; aber ich habe nicht die Absicht, eine Geschichte der Privatangelegenheiten des Vizekönigs zu erzählen, außer insoweit, als sie meinen Bericht betreffen. Es genügt zu sagen, dass wir bei dieser Gelegenheit jedes Mitglied der erlesenen Gesellschaft in French Park, Boyle, kannten.

Frenchpark ist eine abgelegene ländliche Gegend. Während der Lord Lieutenant dort war, war das Haus mit einer starken Besatzung besetzt. Aber wir waren der Meinung, dass wir diese Besatzung leicht überwältigen könnten, wenn wir es wollten. Auch die Lage des Hauses würde unsere

Flucht begünstigen, wenn wir unser Ziel erreicht hätten. Wir würden die Strecke von Dublin nach Roscommon problemlos zurücklegen können, und wir glaubten, dass wir fast genauso leicht wieder zurückkommen würden. Wir konnten problemlos Straßen nehmen, die die Städte umgingen, denn für gesuchte Männer ist es viel einfacher, von Dublin nach Westen zu gelangen, als beispielsweise nach Süden oder Norden.

Man kann sich dann fragen, warum wir trotz aller für uns günstigen Umstände nicht versucht haben, Lord French zu erschießen, als er in Roscommon war?

Die Antwort ist einfach. Wir wussten, dass er an einem bestimmten Tag nach Dublin zurückkehren würde, und wir beschlossen, ihn praktisch vor seiner eigenen Haustür und neben der Stadt anzugreifen. Warum? Weil wir die Wirkung im Auge hatten, die ein solcher Vorfall haben würde. Gegen den alten Soldaten selbst hegten wir keinen persönlichen Groll, aber er war das Oberhaupt der fremden Regierung, die unser Land in Knechtschaft hielt, und wir wussten, dass sein Tod die Welt dazu bringen würde, sich für unseren Freiheitskampf zu interessieren. Sein Name war in der ganzen Welt bekannt. Der Phoenix Park war der Welt ebenso bekannt wie der Hyde Park. Man stelle sich also die Sensation vor, die es geben würde, wenn dieser Mann, ein Feldmarschall der britischen Armee und Oberhaupt der Regierung Irlands, am Tor des Phoenix Parks erschossen würde, in der Hauptstadt des Landes, das er angeblich regieren sollte, und nur einen Steinwurf von einem halben Dutzend englischer Militärgarnisonen entfernt – an einem Ort, an dem innerhalb von fünf Minuten zwanzigtausend britische Soldaten mit allen modernen Kriegsgeräten zusammengezogen werden könnten. Das Risiko für uns war größer, aber die moralische Wirkung würde den Preis wert sein. Die Welt würde aufhorchen und sagen: „Die Männer, die das getan haben, sind keine Feiglinge; ihr Land muss etwas zu beanstanden haben; was ist es?" Das ist das Ergebnis, mit dem wir gerechnet haben, und unsere Gründe, uns schließlich zu entscheiden, unseren Putsch in Ashtown zu planen. Ich werde (im nächsten Kapitel) unseren Angriff und seine vielen Folgen beschreiben.

KAPITEL XV.
DIE SCHLACHT VON ASHTOWN.

Lord French sollte am Freitag, dem 19. Dezember 1919, wieder in der Viceregal Lodge eintreffen. Diese Vereinbarung wurde streng geheim gehalten, und selbst die höheren Beamten in der Lodge und im Dublin Castle wussten nichts von seinen Plänen. Aber wir waren uns der Vereinbarung durchaus bewusst. Die Zeit ist noch nicht gekommen, in der die Quelle unserer Informationen preisgegeben werden könnte.

Wir kannten nicht nur den Tag, sondern auch die Uhrzeit. Außerdem wussten wir, dass Lord French bei seiner Rückkehr mit der Midland Railway nicht bis zur Endstation dieser Linie (Broadstone Station) in der Stadt fahren würde, sondern an der kleinen Raststation von Ash Town aussteigen würde. Also schmiedeten wir Pläne.

Ashtown liegt etwa vier englische Meilen vom Stadtzentrum entfernt, aber nur etwa zwei Meilen vom nördlichen Wohnviertel. Sie erreichen es über die Hauptstraße, die von Dublin in den Nordwesten Irlands führt, eine der besten Fernstraßen des Landes, die in gerader Linie ins Herz von Meath führt, durch Navan, Kells, Cavan und weiter nach Enniskillen. Etwa zweieinhalb Meilen, nachdem Sie die Straßenbahnlinie verlassen haben, erreichen Sie Ashtown. Der Bahnhof selbst liegt nicht an der Hauptstraße, sondern etwa zweihundert Meter weiter auf einer kleinen Nebenstraße nach rechts. Es gibt kein Dorf namens Ashtown; der Bezirk hat wahrscheinlich weniger Häuser als jeder andere Ort so nahe an der Stadt. Es scheint keinen Grund gegeben zu haben, dort einen Bahnhof zu errichten, außer vielleicht zum Ein- und Ausladen von Pferden für Rennen und Jagden.

Für die meisten Leute bedeutet Ashtown einfach ein Haus – Kellys Pub, allgemein bekannt als „Half-way House". Es steht genau an der Kreuzung, an der man von der Hauptstraße nach rechts abbiegt, um zum Bahnhof zu gelangen. Diese kleine Nebenstraße, die, wie ich bereits sagte, auf der rechten Seite zur Eisenbahn führt, kreuzt die Hauptstraße fast im rechten Winkel und führt auf der linken Seite zum Phoenix Park und nach Castleknock. Wenn man also aus der Stadt herausfährt und an der Kreuzung neben dem Half-way House steht, ist man auf der rechten Seite nur zweihundert Meter vom Bahnhof und auf der linken Seite nur einhundert Meter vom Tor des Phoenix Park entfernt. An diesem Tor stand damals eine Polizeikaserne, in der drei oder vier DMP-Männer stationiert waren, aber die Kaserne wurde einige Tage vor unserem Abenteuer geschlossen. Eine Viertelmeile hinter dem Tor befand sich die Viceregal Lodge.

In der Umgebung gab es nur sehr wenige Häuser. Das einzige in der Nähe des Half-way House war die Residenz von Mr. Peard, dem Besitzer der Park Racecourse, die an die Hauptstraße angrenzt. Auf der Stadtseite von Ashtown gab es mehrere Institutionen – wie Waisenhäuser und Klöster –, von denen das nächste das berühmte Taubstummeninstitut der Christian Brothers war. Rechts von der Eisenbahn befindet sich das berühmte Dunsink Observatory.

Ich hielt es für notwendig, den Ort so ausführlich zu beschreiben, da selbst den Dublinern der Stadtteil Ashtown verhältnismäßig unbekannt ist.

Der Sonderzug, mit dem der Vizekönig zurückkehren sollte, sollte um 11.40 Uhr in Ashtown eintreffen. Eine halbe Stunde vorher war unsere Gruppe vor Ort eingetroffen. Wir waren an diesem Morgen von Fleming's in Drumcondra aufgebrochen, und bei Mrs. Martin Conlan's in Phibsboro' hatte ich für eine Tasse Tee Halt gemacht. Insgesamt waren wir elf Personen bei diesem Abenteuer dabei – nämlich Mick McDonnell, Tom Keogh (später ein im Bürgerkrieg gefallener Offizier des Freistaats); Martin Savage (der an diesem Tag gefallen war); Sean Treacy (zehn Monate später in der Talbot Street in Dublin gefallen); Seumas Robinson, Sean Hogan, Paddy Daly (später Generalmajor der Armee des Freistaats); Vincent Byrne, Tom Kilkoyne, Joe Leonard und ich.

MARTIN SAVAGE.

Wir fuhren die Hauptstraße – die Cabra Road – zu zweit in unterschiedlichen Abständen, um keinen Verdacht zu erregen. Wir ließen unsere Fahrräder vor

Kelly's stehen, denn zu jeder Tageszeit war es nicht ungewöhnlich, ein Dutzend Fahrräder vor dieser Taverne zu sehen, während die Besitzer sich drinnen erfrischten. Wir kannten jeden Zoll der Gegend, jeden Busch und jede Biegung, jeden Winkel und jede Ecke. Ein weiterer Vorteil war, dass wir die genaue Reihenfolge kannten, in der Lord French und seine Eskorte immer unterwegs waren.

Wir wussten, dass wir Verdacht erregen würden, wenn wir am Straßenrand warteten, also betraten unsere Männer gleich nach ihrer Ankunft die Taverne. Drinnen waren einige der örtlichen Arbeiter und Landarbeiter. Unser paarweises Erscheinen schien keinen Verdacht zu erregen, besonders da die Einheimischen überhaupt nicht wussten, dass Lord French in Kürze hier vorbeikommen würde. Im Wirtshaus, während wir unsere Flaschen Mineralwasser tranken, deuteten wir jedem, der zuhörte, an, dass unser Treffen rein zufällig war. Wir sprachen über Vieh und Koppeln und Weiden und viele andere Dinge außer Politik. Aber selbst bei diesem fiktiven Gespräch mussten wir vorsichtig sein, denn die Männer im Laden kannten sich in der Landwirtschaft von A bis Z aus, während einige unserer Männer sehr wenig über diese Branche wussten.

Zuhörer besprachen, wurden wir langsam unruhig, da die Zeit näher rückte. Mehr als einer von uns sah von Zeit zu Zeit auf seine Uhr, und unsere Augen waren die ganze Zeit damit beschäftigt, die Kreuzung zu beobachten, denn vom Laden aus hatten wir einen klaren Blick auf jeden, der entweder auf der Hauptstraße oder auf der Straße zum Park vorbeikam . Das erste Anzeichen von Aktivität, das wir sahen, war ein großer DMP-Mann, der aus der Richtung des Parktors kam. Er wusste offensichtlich, wer ankommen würde, denn er nahm eine Position in der Nähe der Kreuzung ein, um den Verkehr zu regeln, der aus dieser Richtung kommen könnte. Sein speerförmiger Helm, seine glänzenden Knöpfe und seine makellosen Stiefel, ganz zu schweigen von der Sorgfalt, mit der er seine Tunika unter seinem Gürtel herunterzog, zeigten alle, dass er sich berufen fühlte, eine eindrucksvolle Show abzugeben. Wir kümmerten uns nicht sehr um den armen Mann, obwohl er ein Revolverholster an seiner Seite hatte und es zweifellos nicht leer war.

Wenige Minuten vor Ankunft des Zuges fuhren vier Militärlastwagen mit mit Gewehren bewaffneten Soldaten vom Park Gate herunter, passierten das Half-way House und hielten an, um ihre Positionen in der Nähe des Bahnhofs einzunehmen. Außerdem wussten wir, dass mehrere bewaffnete DMP-Männer die Strecke vom Park Gate zur Viceregal Lodge säumen würden.

Natürlich hatten wir alle unsere Vorbereitungen schon Tage im Voraus getroffen. Nichts wurde bis zum letzten Moment aufgeschoben. Unser Plan war, unseren Hauptangriff auf das zweite Auto im Konvoi zu konzentrieren. Das war das Auto, in dem Lord French immer reiste. Vor Kellys Haus lag ein schwerer Bauernkarren. Tom Keogh, Martin Savage und ich sollten ihn im letzten Moment quer über die Straße schieben und so Frenchs Auto die Durchfahrt versperren, denn die Straße ist zu schmal, um zwei Autos nebeneinander fahren zu lassen, und der schwere Bauernkarren würde sie zwingen, langsamer zu fahren. Im selben Moment sollten die anderen Mitglieder unserer Gruppe ihren tödlichen Angriff auf das Auto des Lord Lieutenants mit Bomben und Granaten eröffnen und sich dann auf ihre Revolver verlassen, um mit der Militärwache fertig zu werden.

Pünktlich hörten wir das Pfeifen der Lokomotive, als der Zug in Ashtown einfuhr. Aber wir bewegten uns nicht. Wir hatten noch zwei oder drei Minuten, und ein falscher Schritt eine halbe Sekunde zu früh hätte unseren ganzen Plan durchkreuzt. Dann hörten wir die Motoren dröhnen. Die Gruppe wollte gerade den Bahnhof verlassen. Wir gingen auf die Kreuzung. Unsere Männer nahmen ruhig ihre Positionen ein. Tom Keogh, Martin Savage und ich standen neben dem Bauernkarren, den wir als Hindernis benutzen sollten. Es war Zeit, sich in Bewegung zu setzen.

Ich packte den Wagen und begann, ihn um die Ecke zu schieben. Es war ein schwerer Wagen, viel schwerer, als wir dachten, denn natürlich hatten wir die Nummer nicht geprobt und das Gewicht des Wagens auch nicht anders als mit dem Auge eingeschätzt.

Ich schob ihn um die Ecke auf die schmale Straße, die vom Bahnhof wegführte. Plötzlich hörte ich eine Stimme, die mich ansprach. Es war die Stimme des DMP-Mannes, dessen Anwesenheit wir ignoriert hatten.

„Sie können dort vorerst nicht hinuntergehen", bemerkte er. „Seine Exzellenz wird in wenigen Sekunden hier vorbeikommen."

Nun wusste ich viel besser als der Polizist, dass Seine Exzellenz kommen würde. Ich konnte ihm jedoch nicht erklären, dass ich eine Verabredung mit Seiner Exzellenz hatte. Die Zeit drängte. Ich versuchte, den Polizisten zu ignorieren. Er dachte offensichtlich, ich sei zu dumm für diese Welt. Er protestierte weiter bei mir und erklärte, wie wichtig es sei, die Straße für die Autos Seiner Exzellenz frei zu halten.

Das Erstaunliche, wie ich später darüber nachdachte, war, dass er anscheinend zu dumm war, um zu bemerken, dass ich zwei Waffen in den Händen hielt. Wenn er es bemerkt hätte , hätte er sicher sein Notizbuch herausgeholt und mich nach meinem Namen und meiner Adresse gefragt, denn das Tragen von Waffen war illegal.

Ich wollte mein Gewehr nicht so schnell benutzen. Erstens wollte ich den armen Mann nicht verletzen, und zweitens wusste ich, dass ein Schuss jetzt unsere Pläne vernichten würde, da er sofort die Aufmerksamkeit und den Verdacht der Eskorte erregen würde, die jetzt in ihren Autos hundert Schritte von uns entfernt war.

Ich tat das Einzige, was ich unter diesen Umständen tun konnte. Ich schrie ihn an, ich bedrohte ihn und sagte ihm schließlich, wenn er uns nicht aus dem Weg ginge , würde ich ihn zusammenschlagen. Aber es war sinnlos. Selbst dann war dem Polizisten die Lage noch nicht klar. Er redete einfach weiter.

Und während wir dort standen und kostbare Augenblicke vergeudeten, fragten sich unsere Kameraden, was los war. Einer unserer Männer, dem eine Position am Straßengraben zugewiesen worden war, erkannte offenbar die Situation. Ohne zu bedenken, wie er damit unseren ganzen Plan bedrohte, ganz zu schweigen davon, dass er das Leben von dreien von uns, die neben dem Wagen standen, gefährdete, zog er den Stift aus seiner Granate und schleuderte das Geschoss direkt auf den Kopf des Polizisten. Nun hätte jeder von uns dreien sich problemlos mit dem Obstruktionisten abfinden und dabei vollkommen sicher sein können, aber wir wollten den armen Mann nicht töten, und außerdem fürchteten wir, dass ein einziger Schuss Lord French davon abhalten würde, von der Station zu uns zu kommen. Wenn er zum Beispiel einen Hinterhalt vermutet hätte, hätte er seine Eskorte vorausschicken können, um die Straße freizumachen, oder er hätte direkt in die Broadstone Station in der Stadt einmarschieren und so alles durcheinanderbringen können.

Der Polizist wurde von der Bombe am Kopf getroffen und die Waffe explodierte neben mir, ohne dass einer von uns ernsthaft verletzt wurde, abgesehen von der Tatsache, dass die Wucht der Explosion uns gewaltsam zu Boden schleuderte. McLoughlin, der Polizist, wurde nicht ernsthaft verletzt. Der Rest von uns erholte sich schnell von unserem Schock und wir hatten jetzt keine Zeit mehr, uns um den Polizisten zu kümmern, denn in diesem Moment raste der Motorrad-Kundschafter (oder Scout, wie er eigentlich hieß), der immer vierzig oder fünfzig Meter vor der Gruppe des Vizekönigs fuhr, von der Wache an uns vorbei. Eine Sekunde später kommt das erste Motorrad und wir rasen direkt davor und eröffnen das Feuer auf die Insassen. Unser Feuer wird sofort erwidert und wir sind so nah am Feind, dass mir ein neuer Hut, den ich gerade gekauft hatte, direkt vom Kopf geschossen wird. Es war knapp, aber mein übliches Glück war an diesem Tag auf meiner Seite. Der Wagen fuhr so schnell, dass wir nicht einmal Zeit hatten, einen Blick auf die Insassen zu werfen, und wir kümmerten uns auch nicht groß um sie, denn unser eigentliches Ziel bestand darin, den Wagen so zu erschrecken, dass er schnell die Flucht ergreifen würde, während wir unsere ganze Kraft gegen den zweiten Wagen einsetzen würden, in dem, wie wir wussten, Lord French immer fuhr.

Unser Wagen hatte die Straße noch nicht vollständig blockiert, als das erste Auto vorbeiraste – das war nicht unsere Absicht. Noch ein Sprint, um den Wagen quer über die Straße zu ziehen, und schon ist das zweite Auto über uns. Von jeder Position unserer kleinen Gruppe aus starten wir einen konzentrierten Angriff, und die Luft ist erfüllt von schnellem Revolverfeuer und explodierenden Bomben und Handgranaten. Aber es ist keineswegs eine einseitige Schlacht. Der Feind hat sein Maschinengewehr und seine Gewehre im Einsatz, und wir stehen da, eine Zielscheibe für ihn am Straßenrand, während wir noch immer eine Salve nach der anderen auf Auto Nr. 2 abfeuern. Wir drei neben dem Wagen sind jetzt in doppelter Gefahr. Die Kugeln des Feindes pfeifen um uns herum, und seine Granaten explodieren vor unseren Füßen, aber wir sind unserem Ziel so nahe, dass wir auch Spießruten laufen müssen vor den Bomben, die unsere eigenen Männer aus dem Graben werfen.

Während unsere rauchenden Kanonen immer noch auf die Insassen des Wagens feuern, gehen wir hinter den Wagen zurück und suchen den wenigen Schutz, den er vor dem Kugelhagel des Feindes bietet. Noch eine Sekunde und der Wagen wird durchlöchert und die Splitter seiner Deichseln fliegen um uns herum. Aber unsere Aufgabe muss erfüllt und der Kampf muss fortgesetzt werden. Plötzlich rast zu unserem Entsetzen ein weiterer feindlicher Wagen aus der entgegengesetzten Richtung auf uns zu. Wir sind jetzt in größerer Gefahr als je zuvor, denn wir sind zwischen zwei Feuerstürmen gefangen. Ich fühlte, wie eine Kugel mein linkes Bein durchbohrte, aber ich hatte keine Zeit, die Wunde zu untersuchen, obwohl ich annahm, dass die Kugel durchgegangen war. Die Briten hatten zu diesem Zeitpunkt etwa ein Dutzend Gewehre und ein Maschinengewehr im Einsatz; aber die Nerven der Schützen müssen sie im Stich gelassen haben, sonst hätten wir ihnen nie so lange standhalten können. Ein Mann trifft jedoch sein Ziel und der arme Martin Savage fällt mir mit einem Schuss durch den Körper in die Arme. Armer Kerl! Wie unbeschwert hatte er gesungen und Gedichte über Irland und den Ruhm des Sterbens für das eigene Land vorgetragen, als wir vor nur einer Stunde nach Ashtown ritten. Und er haucht seinen letzten Atemzug in meinen Armen aus und stirbt, wie er es sich gewünscht hätte – durch eine englische Kugel.

Die ganze Zeit sausten die Kugeln vorbei und das feindliche Feuer schien immer heftiger zu werden. Ich legte meinen sterbenden Kameraden auf den Straßenrand. Seine Lippen bewegten sich, als hätte er mir eine letzte Botschaft zu überbringen. Ich bückte mich, legte mein Ohr an sein Gesicht und hörte die Worte, die er langsam und schmerzerfüllt, aber deutlich sprach: „Ich bin fertig, Dan, aber mach weiter!" Niemals werde ich das Bild meines blutenden, blassen Kameraden vergessen, wie er an jenem Dezembertag auf der Straße in Ashtown lag, während die Kugeln wie Hagelkörner umhersprangen und alles trafen, außer mich, auf den sie zielten.

Aber es war nicht die Zeit, um die Toten zu beweinen. Martin Savage hatte sein Leben für die Sache gegeben, für die er gelebt hatte – die Sache, für die er drei Jahre zuvor sein Gewehr geschultert hatte, als er als 18-jähriger Junge in der Osterwoche 1916 seinen Beitrag geleistet hatte. Aber für den Rest von uns bestand die Pflicht darin, für Irland zu leben – weiterzumachen.

Tom Keogh war inzwischen wieder in Deckung gegangen. Ich sah mich um, um zu sehen, wo meine Fluchtchancen lagen. Es schien keine zu geben. Das Blut strömte aus meinem verletzten Bein und das Feuer des Feindes war heftig und schnell, während unseres nachgelassen hatte, denn unsere Granaten waren weg, viele unserer Revolver waren leer und einer unserer Männer war tot. Inmitten eines Kugelhagels rannte ich in den Schutz von Kellys Haus um die Ecke und kam dort sicher an.

Meine Waffe spricht wieder. Der Feind schweigt. Die khakifarbenen Krieger sind plötzlich in die Sicherheit des Parks geflohen , gefolgt von der gesamten Vizekönigsgruppe.

Wir hatten nun das Schlachtfeld in unseren Händen und mit uns das Wrack des zweiten Wagens, dessen Fahrer McEvoy, den wir verwundet und im Kampf gefangen genommen hatten, den verwundeten DMP-Mann Constable O'Loughlin und die Leiche unseres tapferen Kameraden Martin Savage. Wir ließen unseren Gefangenen McEvoy frei. Durch eine seltsame Ironie des Schicksals kreuzte sich sein Weg drei Jahre später, im April 1923, mit meinem. Ich war damals Gefangener in den Händen der Truppen des Freistaats im Gefängnis von Limerick. McEvoy war dort, ein Offizier im Gefängnis.

An jenem Dezembertag im Jahr 1919 erkundeten wir hastig das Gelände in Ashtown und waren überzeugt, dass wir unser Ziel erreicht und Lord French erschossen hatten. Unsere nächste und dringendste Aufgabe war nun die Rückkehr in die Stadt, denn wir wussten, dass Ashtown und das Land im Umkreis von mehreren Kilometern innerhalb einer halben Stunde von britischen Truppen überschwemmt sein würden.

KAPITEL XVI.
UNSERE FLUCHT AUS ASHTOWN.

Wir zehn hielten jetzt an der Kreuzung von Ashtown einen eiligen Kriegsrat ab. Neun aus unserer Gruppe waren ohne einen Kratzer davongekommen: Martin Savage war tot und ich war verwundet und blutete stark. Wir hatten die gesamte Truppe britischer Soldaten mit ihren Gewehren, ihrem Maschinengewehr und ihrem Panzerwagen in die Flucht geschlagen und den Lord Lieutenant getötet.

Wir trugen Martins Leiche in Kellys Laden. Das war alles, was wir tun konnten. Wir wussten, dass der Feind bald mit Verstärkung zurückkehren und alles in Besitz nehmen würde, was von diesem tapferen Soldaten übrig war, aber es wäre selbstmörderisch, zu versuchen, ihn in die Stadt zu bringen. Die angsterfüllten Bewohner des Half-way House sahen erstaunt und schweigend zu.

Mit einem Gebet für die Seele unseres verstorbenen Kameraden bestiegen wir unsere Fahrräder und machten uns auf den Weg in die Stadt. Wir waren kaum losgefahren, als Seumas Robinson feststellte, dass sein Fahrrad kaputt und für die Reise unbrauchbar war. Er sprang auf den Rücksitz von Sean Treacys Maschine, balancierte mit einem Fuß auf dem Trittbrett und hielt sich an Seans breiten Schultern fest. Aber mit zwei Männern auf einem Fahrrad ist die Geschwindigkeit langsam, und nie war es uns wichtiger, schnell wieder in Sicherheit zu kommen. In unserem Dilemma erspähten wir einen Radfahrer, der uns aus der Stadt entgegenkam. Er ging und schob sein Fahrrad, offensichtlich war er abgestiegen, als er die Schlacht im Gange hörte. Im Krieg ist das meiste fair, und die vorübergehende Beschlagnahmung seines Fahrrads war nicht gegen unsere Regeln. Robinson hatte sein Gewehr noch in der Hand. Er sprang vom Trittbrett, hielt dem Fremden seinen Revolver hin und befahl ihm, ihm sein Fahrrad zu übergeben. Der Befehl wurde befolgt. Wir wollten Zivilisten immer so wenig Ärger wie möglich bereiten, und selbst in unserer Eile an diesem Nachmittag vergaß Seumas seine Pflicht gegenüber dem Besitzer des Fahrrads nicht. Er versicherte ihm, dass sein Fahrrad geliefert würde, wenn er am Abend im Gresham Hotel vorbeischaute. Ich weiß nicht, ob der Mann sein Fahrrad jemals bekam; ich hoffe es jedenfalls. Jedenfalls wurde es am selben Abend neben der Hoteltür abgestellt, wie Seumas es versprochen hatte.

Wir kehrten sicher in die Stadt zurück. Ich fühlte mich jetzt schwach vom Blutverlust und ging sofort zu Mrs. Toomeys Haus in der Phibsboro' Road im Norden der Stadt, einer der ersten Straßen, die man in der Stadt trifft, wenn man direkt von Ashtown zurückkommt. Ich glaube, dass die Polizei und das Militär später an diesem Tag meine Blutspuren von Ashtown entlang der Cabra Road verfolgten, aber glücklicherweise verloren sie die Spur in der Nähe der Stadt. Mrs. Toomey war sehr freundlich zu mir. Ich wurde sofort ins Bett gebracht und ein Arzt gerufen. Ich wurde von Dr. JM Ryan behandelt, der damals als Kapitän eines All-Ireland-Hurling-Teams berühmt war. Ein Arzt vom Mater Hospital, das nur ein paar hundert Meter von meinem Ruheplatz entfernt war, kümmerte sich ebenfalls um mich.

An diesem Abend hallte es in Dublin wider vom Ruf der Zeitungsjungen: „Angriff auf den Lord Lieutenant – Sensationeller Kampf in Ashtown – Einer der Angreifer erschossen!" Und dann bekam ich einen Schock, der mich fast in den Wahnsinn trieb. Lord French war unverletzt davongekommen!

Es stimmte. Wir hatten versagt. Zum ersten Mal war der Viceroy nicht im zweiten, sondern im ersten Wagen mitgefahren. Der Wagen, um den wir uns kaum gekümmert hatten und den wir nur verscheuchen wollten, brachte den Mann, den wir wollten, tatsächlich sicher davon. Die Nachricht machte meine Wunde schlimmer. Ich mochte halbfertige Aufgaben nie, und hier hatten wir nicht einmal die Hälfte unserer Arbeit erledigt. Sean Treacy nahm die Enttäuschung philosophisch. Sein Motto war immer, das Beste aus den Dingen zu machen. Sein Trost für mich war: „Du kannst nicht immer Knocklongs haben, Dan."

Wir hatten nie wieder die Gelegenheit, Lord French zu erschießen. Er zog sich vollständig aus dem öffentlichen Leben zurück. Danach trat er kaum noch in der Öffentlichkeit auf. Sogar als er nach England ging, patrouillierten Panzerwagen auf den Straßen zum Postschiff, und bewaffnete Detektive umringten ihn, sogar bis nach London. Seine Aktivitäten wurden streng geheim gehalten und erst viele Tage später der Presse bekannt gegeben.

Wären wir an diesem Tag in der Lage gewesen, Gewehre zu benutzen, hätten wir ihn von Kellys Haus aus leicht erschießen können, aber zu dieser Zeit konnten wir nur mit dem Fahrrad dorthin gelangen, da praktisch keine Autos im Einsatz waren. Das lag daran, dass die Briten einige Monate zuvor angeordnet hatten, dass jeder Motorradfahrer eine Sondergenehmigung des Militärs haben müsse, die nicht nur seinen Namen, sondern auch seine Beschreibung und ein Foto enthielt, wie ein Reisepass. Die Anordnung sollte verhindern, dass die IRA Autos für ihre Fortbewegung benutzte, insbesondere für Nachtangriffe. Natürlich würden nur diejenigen eine Genehmigung von den Briten bekommen, die ihre „Loyalität" beweisen konnten und uns daher wahrscheinlich nicht helfen oder das Risiko eingehen würden, uns ein Auto zu geben. Die Gewerkschaft der Motorradfahrer, die diese erniedrigende Bedingung missbilligte, kam der Anordnung nach, indem sie sich weigerte, Genehmigungen zu beantragen, und einen Generalstreik im ganzen Land ausrief. Da wir also keine Motorräder bekommen konnten, um nach Ashtown zu fahren, hatten wir keine Möglichkeit, Gewehre zu verstecken, da wir sie natürlich nicht auf Fahrrädern festschnallen konnten. Ich muss jedoch sagen, dass ich jetzt froh bin, dass Lord French entkommen ist. Er hat nur seine Pflicht gegenüber seinem Wahlland erfüllt, der Nation oder dem Imperium, das ihm Reichtum, Titel und Ehre verliehen hat.

Lassen Sie mich kurz innehalten und einige Folgen des Angriffs auf Ashtown schildern. Kirche und Presse verurteilten uns in aller Schärfe, aber die Öffentlichkeit war in ihrer Verurteilung zurückhaltender; langsam begann das Land zu begreifen, dass wir Krieg mit England meinten, bis, um O'Donovan Rossa zu zitieren, „sie entweder in die Knie gezwungen wurde oder wir ins Grab". Während Presse und Geistliche bittere Verurteilungen aussprachen, blieb die Öffentlichkeit also größtenteils still. Das war der Wendepunkt. Sie beurteilten die Situation. In privaten Gesprächen verteidigten viele unseren Standpunkt. In der Öffentlichkeit gab es natürlich keine Möglichkeit, dies zu tun. Die große Mehrheit unserer Landsleute orientierte sich; sie waren vielleicht schockiert über die gewagten Gewalttaktiken, aber sie begannen zu begreifen, dass wir es ernst meinten und dass es ihre Pflicht war, uns beizustehen.

Am Morgen nach dem Angriff veröffentlichte der *Irish Independent* einen Leitartikel, in dem wir alle als „Mörder" bezeichnet wurden. Der Artikel war reichlich gespickt mit Ausdrücken wie „kriminelle Torheit", „Gräuel", „Mord" und so weiter, und das war genau die Zeitung, deren gesamtes Einkommen von der Unterstützung der Menschen abhing, die für die Gründung einer irischen Republik gestimmt hatten. Sie hatte nicht einmal den Sinn für Fairness, ganz zu schweigen von Anstand, um mit der Äußerung ihrer Ansichten zu warten, bis die Untersuchung stattgefunden hatte und Martin Savage begraben war. Die anderen Dubliner Zeitungen störten uns nicht. Die *Irish Times* war offen und offen ein britisches Organ, und das *Freeman's Journal* war für jeden anständigen Iren verachtenswert. Aber wir konnten nicht zulassen, dass eine Zeitung, die vorgab, irisch und unabhängig zu sein, unserem toten Kameraden in den Rücken fiel.

Zu dieser Zeit war ich natürlich aufgrund meiner Verletzungen ans Bett gefesselt und hatte keinen direkten Anteil an dem, was folgte. Ich glaube, einige der Jungen waren für die Erschießung des Herausgebers. Schließlich wurde ein anderer Kurs eingeschlagen. Es wurde beschlossen, die Zeitung zu schließen. Am Sonntagabend um 9 Uhr betraten zwanzig oder dreißig unserer Männer, die für Peadar Clancy verantwortlich waren, das Gebäude und überfielen die Mitarbeiter mit Revolvern. Dann teilten sie dem Herausgeber mit, dass seine Maschinen demontiert werden müssten, und gingen in die Werksabteilung, wo sie die Linotype-Maschinen mit Vorschlaghämmern zertrümmerten. Das Gebäude war in einem solchen Zustand, dass man hoffte, für einige Zeit würde keine Zeitung erscheinen.

Mit Hilfe der anderen Dubliner Druckereien konnte der *Independent jedoch* am nächsten Tag wie üblich eine Zeitung herausbringen. Wir hatten der Zeitung jedoch eine Lektion erteilt und waren in gewisser Weise froh, dass niemand seine Arbeit verloren hatte, da viele der Mitarbeiter IRA-Männer waren. Der *Independent* oder eine andere Dubliner Zeitung hat danach nie wieder IRA-Männer als Mörder oder Attentäter bezeichnet, und ich muss sagen, dass der *Independent kurz danach* sehr hilfreich bei der Aufdeckung britischer Gräueltaten war, obwohl er unsere Kampfpolitik nie unterstützte. Die Eigentümer erhielten für den Überfall eine Entschädigung von 16.000 Pfund.

Nach der Untersuchung von Martin Savage wurde sein Leichnam seinen Verwandten übergeben. Die Geistlichkeit verweigerte ihm die Erlaubnis, seinen Leichnam in eine Kirche in Dublin zu bringen, und in der Nacht vor seiner Überführung in seine Heimatstadt Ballisodare in der Grafschaft Sligo lag er die ganze Nacht auf der Broadstone Station, wo nur einige wenige Gläubige anwesend waren. Doch die Beerdigung am nächsten Tag war die größte Ehre, die einem Iren im Westen je zuteil wurde. Der Trauerzug war mehrere Meilen lang, und der Gemeindepfarrer war anwesend und sprach die letzten Gebete, während die RIC mit der für sie typischen Ritterlichkeit den Friedhof mit ihren Gewehren und Bajonetten umringte. Ich nehme jedoch an, dass dies die beste Ehre war, die sie einem tapferen Soldaten erweisen konnten, auch wenn sie dies nicht beabsichtigten.

Auf eine weitere Angelegenheit muss ich hier noch eingehen, bevor ich mit meiner Erzählung fortfahren kann:

Man könnte fragen, warum Martin Savages Leichnam Dublin verlassen durfte, ohne dass die Hauptstadt ihm den letzten Respekt zollte, den sein Opfer verdiente. Die Antwort ist einfach. Die Regierung der Republik, Dail Eireann, wollte sich nicht direkt mit unseren Aktionen in Verbindung bringen. Ohne auf Einzelheiten einzugehen, die die Namen vieler prominenter Männer betreffen könnten, von denen einige noch leben, andere bereits tot sind, möchte ich hier und jetzt betonen, dass weder damals noch zu irgendeinem späteren Zeitpunkt Dail Eireann die Verantwortung für den Krieg gegen die Briten übernahm. Warum, weiß ich nicht, und ich möchte auch keine Kontroverse über die Haltung des Dail eingehen. Ich kann nur sagen, was später sowohl im zweiten republikanischen Dail als auch im Dail des Freistaats (General Mulcahy, Dezember 1923) öffentlich zugegeben wurde, nämlich dass die IRA den Krieg auf eigene Initiative und aus eigenen Mitteln weiterführen durfte, ohne Zustimmung oder Missbilligung der Regierung der Republik. Es ist gut, dass diese Tatsache den zukünftigen Generationen bekannt ist.

General Liam Lynch.

Es war amüsant, noch Tage später die Zeitungsberichte über den Angriff auf Ashtown zu lesen. Bei der Untersuchung von Martin Savage hieß es, die „Angreifer flohen und wurden verfolgt". Ich hätte beinahe laut gelacht, als ich das las und mir die überstürzte Flucht der britischen Soldaten in Deckung hinter der Mauer des Phoenix Parks vorstellte. Es war wirklich sehr seltsam, dass wir es schafften, Dublin auf unseren Fahrrädern zu erreichen, obwohl wir von Männern verfolgt wurden, die nicht nur mit Gewehren und Maschinengewehren, sondern auch mit Autos ausgestattet waren. Ein anderer einfallsreicher Autor beschrieb einen Baum am Straßenrand, der speziell beschnitten worden war, um einem unserer Männer einen Beobachtungsposten zu bieten. Man stelle sich nur das militärische Genie eines jeden vor, der einen Mann auf einen Baum schicken würde, um einen Zug zu beobachten, den er von der Straße aus sehen konnte, oder um ein sicheres Ziel für feindliche Gewehre zu werden!

Auch bei der Untersuchung weigerte sich der Kronanwalt, den Namen der Dame preiszugeben, die mit Lord French im Auto saß.

Lord French reiste übrigens an diesem Tag in Zivil – so wurde es bei der Untersuchung festgestellt. Vielleicht haben wir ihn deshalb im ersten Wagen nicht erkannt. Aus dem Untersuchungsbericht erfuhr ich auch, dass Detective Sergeant Hally, der durch unser Feuer verwundet wurde, ein Landsmann von mir war und aus Carrick-on-Suir stammte.

Nach einigen Tagen im Haus von Mrs. Toomey in Phibsboro wurde ich in die Südseite der Stadt gebracht, in die Grantham Street Nr. 13 – das Haus von Mrs. Malone. Drei Monate zuvor hatte ich dieses Haus zum ersten Mal besucht. Es geschah folgendermaßen:

Am 8. September 1919 hatten Seumas Robinson und ich Schwierigkeiten, einen Schlafplatz zu finden. Wir gingen zu Phil Shanahan, wo wir Sam Fahy, den Bruder von Frank Fahy, TD, kennengelernt hatten. Wir hatten Sam in Tipperary gut gekannt, wo er einige Jahre verbracht hatte, obwohl er zu dieser Zeit wie wir auf der Flucht war. Wir erzählten ihm von unserem Problem, und er gab uns sofort den Schlüssel zum Haus eines Freundes in der Grantham Street und nannte uns die Nummer. Er versicherte uns, dass Männer auf der Flucht nie einen Unterschlupf brauchen, solange dieses Haus dort steht. Mrs. Malone, sagte er, sei der Name der Frau, und man könne ihr jedes Geheimnis anvertrauen. Sie hatte einen Sohn, Michael, im Aufstand der Osterwoche verloren.

Seumas und ich machten uns dann von Phibsboro auf den Weg zur Grantham Street. Zu allem Überfluss hatten wir die Hausnummer vergessen. Glücklicherweise ist es keine große Straße, und beim ersten Haus, an das wir klopften, wurden wir zu Mrs. Malones Haus geschickt. Wir fühlten uns sofort wie zu Hause. Sie waren alle sehr freundlich zu uns – Mr. und Mrs. Malone und die Misses Malone. Wir blieben über Nacht und erfuhren am nächsten Morgen, dass die Familie erst vier Tage zuvor eine ihrer Töchter verloren hatte.

Von diesem Tag an freundeten wir uns eng mit der Familie Malone an. Bald darauf brachten wir Treacy und Hogan dorthin und stellten sie der Familie vor. Die beiden Mädchen – Brighid und Aine – waren aktive Mitglieder der Cumann na mBan und waren immer bestrebt, uns zu helfen. Sie trugen alle unsere Depeschen und Nachrichten und halfen sogar dabei, Munition zum Bahnhof Kingsbridge zu bringen. Sie müssen verstehen, dass wir immer auf der Suche nach Revolvern, Gewehren oder Munition waren, die wir kaufen oder erbeuten konnten. Alles, was uns in die Hände fiel, schickten wir immer an unsere Brigade in South Tipperary. Das Zeug wurde dort dringend benötigt, und die Chancen, es zu bekommen, waren weitaus geringer als in Dublin. Sehr oft schickten wir Munition per Zug weiter, in Kisten mit der Aufschrift „Tee" oder „Wein" oder einer anderen Ware, die der Empfänger normalerweise erhielt. Natürlich trafen wir am anderen Ende immer unsere Vorkehrungen, sodass die Waren von einem Händler, der selbst ein IRA-Mann war, oder von einem seiner Assistenten in Empfang genommen wurden.

Nur wenige Tage vor dem Kampf in Ashtown hatte ich mit Aine Malone gescherzt und ihr gesagt, dass sie mich pflegen müssten, wenn ich verwundet wäre. Ich hätte nicht geglaubt, dass mein Scherz vom Dezember 1919 wahr werden würde und dass ich in der Obhut der Malones in der Grantham Street untergebracht werden würde. Die Wunde an meinem Bein erwies sich als ernster als erwartet, und auch mein Kopf schmerzte. Drei ganze Monate lang war ich ans Bett gefesselt und konnte mich kaum bewegen. Ich bin mir nicht sicher, ob ich mich wirklich danach sehnte, meine Umgebung zu verlassen. Alle waren nett zu mir. Peadar Clancy besuchte mich fast jeden Tag und erzählte mir die Neuigkeiten. Ich habe schöne, wenn auch traurige Erinnerungen an angenehme Stunden, die ich mit Peadar verbrachte, während er plauderte oder mir vorlas. Dick McKee und Sean Treacy und Hogan waren auch alle nett und besuchten mich regelmäßig. Peadar und Dick und Sean Treacy sollten leider kein weiteres Weihnachten erleben. Aber ich weiß, dass sie lächelnd und glücklich starben.

Außer meinen guten und rücksichtsvollen Kameraden gab es einen noch wichtigeren Grund, der mich die Schmerzen und die Gefangenschaft im Haus kaum beachten ließ. Das war meine netteste und stets aufmerksamste Krankenschwester – damals Brighid Malone – heute meine Frau. Nur wenige Menschen haben das Glück, während einer Krankheit von ihren zukünftigen Frauen gepflegt zu werden, deren Anwesenheit mehr zählt als alles, was medizinisches Können hergibt. Aber die Geschichte unserer Hochzeit eineinhalb Jahre später, unter Umständen, die ein Romanautor als zu weit hergeholt für jeden Wildwestroman abtun würde, muss ich mir für einen späteren Abschnitt aufheben.

KAPITEL XVII.
VON TARA NACH TIPPERARY.

Zu Beginn des Jahres 1920 hatte ich, während meine Wunde heilte, genügend Zeit, das vergangene Jahr Revue passieren zu lassen.

Soloheadbeg hatte Früchte getragen. Die beste Anerkennung war die in den offiziellen Statistiken enthaltene, die nun von Zeit zu Zeit von der britischen Regierung über „Verbrechen in Irland" veröffentlicht wurden. Verbrechen als solche waren in Irland natürlich bis zur Ankunft der Black and Tans nahezu unbekannt. Wenn die britische Regierung das Wort „Verbrechen" in Bezug auf Irland verwendete, meinte sie im Allgemeinen aktive Operationen gegen die Besatzungsarmee. So wurde der Welt Anfang 1920 feierlich verkündet, dass im Jahr 1919 Dutzende von Angriffen auf britische Truppen oder Polizisten verübt worden waren, Hunderte von Waffenüberfällen durchgeführt worden waren und ein Dutzend Polizisten (das heißt bewaffnete Spione) erschossen worden waren. Wenn die britische Regierung dachte, die Veröffentlichung dieser Statistiken würde uns unsere Taten bereuen und unseren Patriotismus aufgeben lassen, hatte sie sich verrechnet. Die einzige Folge war, dass wir noch entschlossener waren, Ende 1920 eine viel größere Aufzeichnung solcher „Verbrechen" zusammenzustellen. Und wir hielten an unserem Entschluss fest!

England hütete sich in diesen Statistiken, seine eigenen Kriegshandlungen gegen die Zivilbevölkerung im selben Zeitraum zu vermerken. Es verschwieg, dass Dail Éireann, die gewählte repräsentative Regierung Irlands, zur illegalen Versammlung erklärt worden war und dass seine Pläne zur Entwicklung der Industrie des Landes zu kriminellen Aktivitäten erklärt worden waren. Es verschwieg der Welt, dass die Gaelic League, Cumann na mBan, die Irish Volunteers und Fianna Éireann (die irischen Pfadfinder) ebenfalls zu illegalen Organisationen erklärt worden waren. Ebenso wenig berichtete es von den nächtlichen Überfällen und Raubüberfällen, die seine Truppen offiziell gegen friedliche Bürger verübten. Kurz gesagt, um einen Ausdruck zu zitieren, den Arthur Griffith damals verwendete, hatte es „die gesamte irische Nation zu einer illegalen Versammlung erklärt".

Aber um dem Leser, der mit den Ereignissen in Irland nicht vertraut ist, kein unfaires Bild der Zeit zu vermitteln, muss ich der Fairness halber einige Dinge erwähnen, die die englischen Streitkräfte in Irland *noch nicht* getan hatten. Sie hatten keine Ausgangssperre verhängt; sie hatten keine Männer in ihren Betten ermordet; sie hatten keine Städte und Dörfer niedergebrannt und bombardiert; sie hatten keine Gefangenen „wegen Fluchtversuchs" erschossen; sie hatten keine Kriegsgefangenen hingerichtet, keine Priester ermordet und keine Frauen misshandelt.

Ich betone die Tatsache, dass sie diese Dinge 1919 nicht getan hatten, denn sie waren in dem nun beginnenden Jahr jedes einzelnen dieser Verbrechen schuldig. Um meiner Erzählung folgen zu können , ist es gut, diese Tatsache im Auge zu behalten, denn ich werde wahrscheinlich keine Gelegenheit haben, diese Entwicklungen der britischen Politik zu erwähnen, es sei denn, sie stehen in direktem Zusammenhang mit meiner Geschichte.

Tatsächlich wurde, als ich noch in Dublin im Haus der Malones war, die erste Ausgangssperre erlassen. Bei einer Auseinandersetzung mit einigen IRA-Männern nach Mitternacht im Februar 1920 wurde ein Polizist in der Grafton Street erschossen. Die Briten erließen sofort eine Anordnung, wonach es für jeden Zivilisten eine Straftat war, sich zwischen Mitternacht und 5 Uhr morgens im Freien aufzuhalten. Innerhalb weniger Monate wurde diese Anordnung auf die meisten Städte im Süden Irlands ausgedehnt; sie wurde nicht nur ausgedehnt, sondern auch verschärft. So durfte beispielsweise in Limerick zeitweise niemand nach 19 Uhr sein Haus verlassen. In Cork war es eine Zeit lang erst 16 Uhr. Dann wurde es für die Briten zur Gewohnheit, die Straßen mit einer Gewehrsalve nach der anderen zu säubern; auf diese Weise wurden in den Jahren 1920 und 1921 Dutzende von Männern, Frauen und Kindern ermordet. Übrigens gaben diese Ausgangssperren der Mörderbande der Regierung freie Hand, denn kein Zivilist würde sie während der Ausgangssperre schießen oder plündern sehen.

Im Frühjahr 1920 riss ich mich aus meiner angenehmen Umgebung in der Grantham Street los und durchquerte die schönen Ebenen von Fingal. Ich verbrachte einen Monat im königlichen Meath am Fuße des Hügels von Tara. Es war mein erster Aufenthalt im königlichen Meath, dem Garten der irischen Könige in den Tagen ihrer Größe. Am ersten Tag, als ich den Hügel bestieg, blieb ich eine Stunde auf seinem Gipfel, lebte in der Vergangenheit, in geistiger Verbindung mit den Kriegern von einst, und fragte mich, ob unser Land jemals wieder den Tag erleben würde, an dem seine Söhne und Töchter die Fesseln der Sklaverei von ihren Gliedern schüttelten und ihre Flagge stolz in den Wind warfen, trotzig und frei. Es gibt heute wenig auf dem Hügel, das von jenen Tagen unserer Größe erzählt. Kein Mann drängt sich auf seinem Gipfel; der Überlieferung zufolge führte der Fluch eines Heiligen aus meiner eigenen Grafschaft zum Untergang und Verfall von Tara. Aber der große Bankettsaal, in dem die Hochkönige die Huldigung ihrer Vasallen empfingen und ihren Untertanen Gastfreundschaft schenkten, war noch zu finden. Aber ein kleines Kreuz auf dem Gipfel markiert das „Grab der Croppies", wo „viele sächsische Feinde und viele treue irische Soldaten fielen" – die letzte Ruhestätte der wenigen Unerschrockenen, die 1998 für Irland kämpften und mit dem Gesicht dem Feind gegenüber fielen.

Und ich kniete auf dem grünen Rasen des verlassenen Palastes und betete, dass das Opfer der Croppies nicht vergebens sein möge; dass ihr Traum noch in unserer Generation wahr werden möge und dass mir Kraft und Mut gegeben werden möge, um diesen Tag zu beschleunigen.

Dort auf dem Rasen, der durch die Schritte der irischen Kriegerheiligen und Friedenskönige geheiligt wurde, wurde mir zum ersten Mal die volle Bedeutung dieses kleinen Gedichts von Moore bewusst, mit seinem ergreifenden Appell, der stets das irische Herz ergreift und das Auge des Patrioten trübt.

„Erin soll sich an die alten Zeiten erinnern

Bevor ihre treulosen Söhne sie verrieten!"

Und dann wanderten meine Augen über die Ebenen zu meinen Füßen – reicher als mein eigenes Golden Vale. Hier und da sah ich ein stattliches Herrenhaus oder ein Schloss; aber ich wusste, dass dies nicht die Häuser der Clansmänner unserer Könige waren, sondern die Festungen derer, die sie ihres Erbes beraubt hatten. Bauernhäuser gab es keine; hier und da kennzeichnete ein Arbeiterhäuschen die Heimat der Gälen, die überlebt hatten – um Holz zu fällen und Wasser zu schöpfen. Ich suchte die Gegend nach den Männern ab, die dieses schöne Land hätte hervorbringen sollen; aber die Straßen waren verlassen; der Ochse hatte den König und den Bauern ersetzt. Und ich fragte mich, ob die Vorsehung bestimmt hatte, dass Meath die Heimat des Ochsen sein sollte, um die erobernden Sachsen zu ernähren. Nein! Das konnte nicht sein. Es war der alte Fluch, die alte Plage des Fremden.

Viele Tage danach wanderte ich durch die Ebenen von Meath und dachte, plante und träumte von dem glücklichen Land, das es sein könnte, wenn wir nur unser eigenes Schicksal bestimmen dürften, wie Gott es von uns wollte. Oft wanderte ich drei oder vier Stunden, ohne einem Menschen zu begegnen. Hier und da ein schönes Herrenhaus, darum herum das Torhaus des Leibeigenen, die gewundene Allee, die stillen Bäume und die grünen Felder mit dem Ochsen als Herrscher. Der Großgrundbesitz, als williges Instrument der englischen Herrschaft eingesetzt, hatte diese Verwüstung hervorgebracht. Und ich erneuerte meinen Entschluss, meinen Teil dazu beizutragen, die Veränderung herbeizuführen, die kommen musste.

Ich verbrachte angenehme, wenn auch ereignislose Tage mit Joseph Dardis und mit Dr. Lynch und Tom Carton aus Stamullen sowie mit Vincent Purfield aus Balbriggan. Von ihnen allen erfuhr ich dieselbe herzliche Gastfreundschaft, die mir schon so viele entgegengebracht hatten. Gott sei

Dank hat uns England noch nicht unseren Geist der Freundlichkeit und Gastfreundschaft genommen.

Der Sommer stand vor der Tür. Ich fühlte mich wieder stark und fit. Ich wollte unbedingt etwas tun. Der Krieg entwickelte sich und ich konnte nicht untätig sein. Ich hatte das Gefühl, ich hätte kein Recht, mich länger aus dem Kampfgeschehen herauszuhalten. Einige Dinge, die ich in den Zeitungen gelesen hatte, brachten mein Blut wieder zum Kochen. Tom MacCurtain, Oberbürgermeister von Cork, der noch vor fünf oder sechs Monaten bei uns gewesen war, um Lord French aufzulauern, war in seinem Haus im Beisein seiner Frau ermordet worden. In Thurles waren zwei oder drei ähnliche Morde von den Briten verübt worden. Sie waren nur die ersten von hundert Morden dieser Art, die innerhalb eines Jahres von britischen Streitkräften verübt wurden, allesamt mit der Billigung oder direkter Anstiftung der höchsten Beamten des Landes.

Ich beschloss, aufzustehen und etwas zu unternehmen. Ich kehrte nach Dublin zurück. Dort traf ich einige der Jungs und drängte auf einen intensiven Guerillakampf. Dick McKee und Peadar Clancy unterstützten meine Ansichten begeistert und befürworteten meine „Weiter mit dem Krieg“-Politik.

Wie ich bereits erklärt habe, war unsere eigene Politik die ganze Zeit über „inoffiziell“. Weder das Dáil Éireann noch das Hauptquartier der IRA hatten sie gebilligt oder Verantwortung dafür übernommen. Mick Collins, muss ich sagen, schien sie zu befürworten. Er versprach immer, unsere Kriegspolitik in den „richtigen Kreisen“ weiter voranzutreiben, und man darf nicht vergessen, dass er damals nicht nur zum Stab des Hauptquartiers gehörte, sondern auch Finanzminister im Dáil Éireann war. Ich habe bereits erzählt, wie er gegen Ende 1919 einmal bei uns war, als wir uns darauf vorbereiteten, Lord French einen Hinterhalt zu legen, aber der Lord Lieutenant uns enttäuschte.

Die Wahrheit ist, dass unsere Kriegspolitik nicht populär war. Die Militärbehörden schienen sie nicht zu wollen. Der politische Flügel wollte sie ganz sicher nicht, und mehr als ein Abgeordneter verurteilte sie im Privaten aufs Schärfste; obwohl wir das Glück hatten, unsere Differenzen vor dem Feind stets verbergen zu können – bis nach dem Waffenstillstand. Die Presse verurteilte natürlich unsere Kampagne, aber seit man dem *Independent eine Lektion erteilt hatte, hatten die Zeitungen gelernt, dass „Vorsicht die bessere Hälfte der Tapferkeit ist“, insbesondere im Gebrauch gewisser Wörter wie „Mord“ und „Gräuel“. Die Wörter „Schießereien“ und „Tragödien“ wurden nach dem Angriff auf den Independent* bei den Zeitungen sehr beliebt .

Die Bevölkerung wollte den Krieg nicht. Sie vergaß, dass ihre Stimme bei den Parlamentswahlen von 1918 zur offiziellen Gründung der Republik geführt hatte. Sie wusste nur, dass Angriffe auf die Polizei ein strengeres Kriegsrecht, schärfere Ausgangssperren, mehr Verhaftungen und Entschädigungen für Polizistenwitwen bedeuteten. Offenbar dachten damals viele, dass Freiheit etwas sei, das man umsonst bekommt. Ich muss jedoch sagen, dass, als der Krieg gegen Ende 1920 und Anfang 1921 an Intensität zunahm, die überwiegende Mehrheit der Bevölkerung auf unserer Seite stand und ihren Teil der Risiken und Härten freudig auf sich nahm.

Ich hatte nicht vor, lange in Dublin zu bleiben. Ich wollte zurück nach Tipperary. Mir war dort zu ruhig. Den Jungs ging es gut, sie waren zu allem bereit; sie wollten nur, dass man ihnen sagt, was sie zu tun haben. Also radelten Sean Treacy und ich die 100 Meilen noch einmal, und nach fast zwölf Monaten Abwesenheit war ich wieder in Tipperary.

Diesmal hatten wir einen neuen Plan. Wir beschlossen, einen Feldzug zu starten, wie man ihn damals im politischen Kampf kaum kannte, der der Welt jedoch bald zeigen sollte, dass es keinen Zweifel mehr daran gab, dass sich Irland im offenen Krieg befand.

(Im nächsten Kapitel werde ich diese neue Kampagne beschreiben.)

Bevor ich auf die Ereignisse nach meiner Rückkehr nach Tipperary eingehe , muss ich von einem Vorfall berichten, der meine Karriere als Schütze beinahe beendet hätte.

Seumas Robinson und ich hatten ein paar Tage mit Vincent Purfield in Balbriggan verbracht, wo ich oft so schöne Stunden verbracht hatte. Das war während der Karwoche 1920, und wir beschlossen, Ostern in Dublin zu verbringen. Wir starteten am Karfreitag, dem 2. April 1920, in einem von Vincent selbst gefahrenen Motor von Balbriggan aus.

Die britischen Behörden in Irland waren immer der Meinung, dass die Anhänger von Sinn Fein jedes Jahr zu Ostern etwas unternehmen würden, um den Jahrestag des Aufstands von 1916 zu feiern. Tatsächlich taten wir das normalerweise auch, aber wir waren immer so unfreundlich, genau das zu tun, was sie nie erwartet hatten, und damals waren sie völlig überrascht. Jedenfalls ließ uns das Militär in Vorbereitung auf den „jährlichen Aufstand", wie die Leute sarkastisch von dem sprachen, was die Regierung erwartete, immer wissen, dass es sich nicht überraschen ließ. Jahrelang errichteten sie an allen Straßen, die nach Dublin führten, Barrikaden und stellten Militärposten auf, die in den Tagen vor und nach Ostern jedes Auto und jeden Fußgänger durchsuchten, der in die Stadt hinein- oder hinausfuhr.

Nachdem sie so ihre Pflicht gegenüber dem Empire erfüllt hatten, entfernten sie ihre Barrikaden normalerweise nach ein paar Tagen.

Morgen verließen, vergaßen wir dieses jährliche Manöver der Briten völlig, sonst hätten wir Ostern wohl mit Vincent in Balbriggan verbringen sollen. Wir hatten eine angenehme Fahrt, bis wir ein paar Meilen vor der Stadt ankamen, etwa eine halbe Meile hinter der Straßenbahn-Endstation in Whitehall. Als wir um eine Ecke bogen , kamen wir plötzlich einem Militärlastwagen entgegen. Der Lastwagen verlangsamte offenbar seine Fahrt, um anzuhalten und unser Auto zu durchsuchen, aber wir sahen so unschuldig und harmlos aus, dass der Offizier seinem Wagen befahl, weiterzufahren. Wir setzten unsere Fahrt fort und lachten herzlich, während wir uns zu unserem Glück gratulierten. Aber unser Glück währte nicht lange. Der Lärm des Militärlastwagens war kaum verklungen, als wir eine halbe Meile weiter in Richtung Stadt einen scharfen Befehl zum „Halt!" hörten.

Direkt vor uns, direkt an der Endstation der Straßenbahn, befand sich eine Militärbarrikade. Etwa zwanzig Soldaten hielten ihre Gewehre geschäftsmäßig in der Hand, während ein Offizier mit baumelndem Revolver auf uns zukam. Jetzt, dachte ich, war meine Stunde gekommen. Diesmal gibt es kein Entkommen.

Vincent blieb ganz ruhig, keiner von uns ließ sich die geringste Besorgnis anmerken, und das Auto fuhr direkt auf die Absperrung zu, bevor es langsamer wurde.

Ich stieg aus dem Auto, ging mit wütendem Gesichtsausdruck direkt auf den Beamten zu und wollte wissen, was das zu bedeuten habe.

„Ich muss Ihr Auto durchsuchen", war die knappe Antwort.

Dann dachte ich, es sei besser, es mit Höflichkeit zu versuchen. Ich sagte ihm, wir hätten keine Einwände gegen eine Durchsuchung, versicherte ihm aber, dass jede Verzögerung für uns schwerwiegende Folgen hätte, da wir es eilig hätten, die Stadt aus wichtigen Gründen zu erreichen. Er zögerte einen Moment. Dann winkte er den Soldaten zu, den Weg freizumachen.

„Also gut!", sagte er, „Sie können weitermachen."

„Danke", ich nickte ihm zu, stieg ins Auto und wir fuhren weiter.

Ich hätte es mir nicht leisten können, zuzulassen, dass das Auto oder wir durchsucht wurden. Hätte er es versucht, wäre es seine letzte militärische Aktion gewesen. Wahrscheinlich wären wir nie entkommen, wenn er mich gezwungen hätte, meine Waffe zu ziehen, aber es gab keinen anderen Ausweg.

Unser Auto war das einzige Fahrzeug, das während dieser fünf Tage Dublin ohne Durchsuchung betrat oder verließ.

Derselbe Steilhang, der Sean Hogan und mich ein Jahr zuvor aus einer ähnlichen misslichen Lage in der Nähe von Limerick gerettet hatte, erwies sich nun in Whitehall als erfolgreich, nur wenige hundert Meter von dem Haus entfernt, wo ich sieben Monate später meinen größten Kampf ums Überleben austragen sollte – in Drumcondra.

Kapitel XVIII.
Die Kasernenangriffe

Unser neuer Plan für aktivere Operationen gegen die Briten bestand kurz gesagt darin, sie in ihren Hochburgen anzugreifen – den Polizeikasernen im ganzen Land. Die Polizisten waren inzwischen viel zu vorsichtig, um die Straßen zu patrouillieren. Sie wagten sich selten oder nie weit von ihren Kasernen weg. Wir konnten ihnen nicht im Freien begegnen. Aber wenn der Berg nicht zu Mohammed kommen wollte, blieb uns nur noch das Andere übrig. Wir mussten zur Polizei gehen und sie auf ihrem eigenen Gebiet angreifen.

Zu dieser Zeit, im Frühjahr 1920, evakuierten sie rasch alle abgelegenen Kasernen in kleinen Orten, wo die Gefahr bestand, dass die Garnison abgeschnitten oder überrascht werden könnte. Sie konzentrierten sich auf die größeren Kasernen, wo die Garnisonen verstärkt und die Gebäude mit Stahlrollläden und Stacheldrahtverhauen stark befestigt waren. Zu dieser Zeit führte die IRA ihre intensivste gleichzeitige Reihe von Operationen durch. In einer Nacht wurden nicht weniger als etwa tausend verlassene Polizeikasernen niedergebrannt – die Operationen erstreckten sich auf jede Grafschaft Irlands. Auf diese Weise verhinderten wir jede Möglichkeit, dass diese Kasernen jemals wieder vom Feind besetzt werden könnten. Tausend Glieder der britischen Militärkette waren durchtrennt.

Zu dieser Zeit hatten die Peelers jeden Anspruch aufgegeben, eine Polizeitruppe zu sein. Sie waren offen und offenkundig eine militärische Truppe, die nicht versuchte, das Verbrechen zu unterdrücken, sondern das Land mit roher Gewalt für England hielt. Als die RIC-Uniformen aus einem Dorf verschwanden, übernahm unsere IRA-Polizei umgehend die Aufgaben, die sie hätte erfüllen sollen, und sie taten es auch. Der Räuber und der Einbrecher lernten bald, für die IRA einen gesunden Respekt zu empfinden, den er für die RIC nie empfunden hatte.

Falls ein Leser, der mit den damaligen Ereignissen in Irland nicht vertraut ist, es unglaublich findet, dass eine Polizei wie die RIC so schamlos war, Kriminellen freie Hand zu lassen, hoffe ich, ihn durch zwei einfache Tatsachen überzeugen zu können. Die erste ist, dass in Fällen, in denen unsere Männer Männer wegen Raubes oder anderer Formen von Verbrechen verhaftet hatten, die britische Praxis darin bestand, den Verbrecher freizulassen und zu schützen und die IRA-Männer ins Gefängnis zu schicken. Die Zeitungsberichte über Kriegsgerichtsverfahren gegen unsere Männer aufgrund solcher Anklagen bestätigen meine Aussage. Die zweite Tatsache, die zwar nie in den Zeitungen auftauchte, wurde mir persönlich nicht zur Kenntnis gebracht, aber ich habe sie von den betreffenden IRA-

Männern. In der Grafschaft Meath wurde von einem ehemaligen britischen Soldaten ein kaltblütiger Mord begangen. Die RIC hatte klare Beweise für seine Schuld. Sie verhafteten ihn, aber stellten sie ihm auch den Prozess? Nein! Sie ließen ihn frei und rieten ihm, das Land zu verlassen, bevor er in die Hände der IRA fiel. Aber er wurde innerhalb von fünf Minuten nach seiner Freilassung von den IRA-Männern verhaftet und musste später die Strafe für sein Verbrechen bezahlen.

Zu dieser Zeit erschienen auch die Black and Tans auf der Bildfläche. Viele sind sich noch immer nicht sicher, wie sie zu diesem Namen kamen, daher ist es gut, dies zu erklären.

Die Truppe wurde Anfang 1920 auf Anweisung von Sir Hamar Greenwood rekrutiert, um die Reihen der RIC zu verstärken und die Iren zu ersetzen, die angewidert aus der Truppe ausgeschieden waren. Greenwood brauchte Tausende von Rekruten zur Umsetzung der beschlossenen Terrorpolitik. In Irland konnte er sie nicht bekommen. Sogar in England fiel es ihm schwer, anständige Männer für diese Arbeit zu finden. Daher rekrutierte er seine Truppe hauptsächlich aus den unteren Schichten ehemaliger englischer Soldaten, von denen viele bekannte Kriminelle oder ehemalige Sträflinge waren. Sie kamen in so großer Zahl in Irland an, dass die RIC unmöglich die Hälfte von ihnen mit der anerkannten dunkelblauen Uniform ausstatten konnte. Es gab einige schwarze Tuniken und Hosen, außerdem einige schwarze Mützen. Das Militär kam ihnen mit einem Vorrat an Khakihosen zu Hilfe. Jeder Mann erhielt einen Teil der schwarzen Uniform als Zeichen dafür, dass er nominell ein Polizist war, aber der Hauptteil der Uniform war Khaki. Man kann sich vorstellen, wie grotesk diese irregulären Kräfte aussahen, als sie zum ersten Mal im Süden ihren Dienst aufnahmen: Ein Mann war ganz in Khaki gekleidet, nur eine schwarze Mütze trug er, ein anderer ganz in Khaki, nur die schwarzen Hosen, und so weiter, und keiner von ihnen war entweder ganz in Schwarz oder ganz in Khaki gekleidet.

Unsere Iren haben Sinn für Humor und waren schon immer für ihre fröhliche Art bekannt, passende Spitznamen zu vergeben. In dem Bezirk, der Knocklong umgibt – South Tipperary und East Limerick – wurde der Name *Black and Tan* geboren. Seit Generationen gab es in diesem Bezirk eine berühmte Hundemeute, die als „Black and Tans" bekannt war. Ist es überraschend, dass die Leute bald erkannten, wie sehr die neue Truppe ihren Hunden ähnelte, nicht nur in der Farbe, sondern auch in anderer Hinsicht? So entstand ein Name, der in allen Sprachen für Terrorismus, Plünderung und Mord weiterbesteht.

Die Veränderungen, die ich erwähnt habe, hatten während unserer Abwesenheit in unserem Heimatland stattgefunden. Wir beschlossen sofort, eine Reihe von Angriffen auf Polizeikasernen zu starten.

In verschiedenen Teilen des Südens kam es seit Monaten zu Angriffen in kleinerem Umfang auf Polizeikasernen. Der erste Fall, bei dem die Garnison eingenommen wurde, fand in Araglen an der Grenze zwischen Cork und Limerick nahe dem südlichen Ende der Galtees statt. Der Angriff wurde von Liam Lynch durchgeführt, der Anfang 1923 während des Bürgerkriegs getötet wurde, als er Stabschef der IRA war.

Als der Kampf immer heftiger wurde, erwies sich Liam Lynch als der beste Offizier Irlands, der eine Brigade oder Division befehligen und führen konnte. Er und Sean Moylan bildeten ein bewundernswertes Team und ihre Erfolge gegen die Briten waren erstaunlich. Tom Barry war meiner Meinung nach der beste Anführer einer fliegenden Kolonne.

Ich traf Liam Lynch zum ersten Mal im Herbst 1919. Wir wurden von Tom Hunter einander vorgestellt, dem damaligen republikanischen Abgeordneten für Cork und Geschäftspartner von Peadar Clancy in Dublin. Lynch befand sich zu dieser Zeit, wie ich, auf der Flucht. Am 7. September hatte er in Fermoy einen gewagten Putsch durchgeführt, bei dem er zwölf Soldaten entwaffnete, die zur Kirche gingen. Bei dem Kampf wurde einer der britischen Soldaten getötet und Liam selbst verwundet. Dieser Vorfall ist von historischer Bedeutung, da er zum ersten Fall von „Vergeltungsschlägen" führte; in der Nacht des Angriffs verwüsteten und plünderten die britischen Soldaten, angeführt von einigen ihrer Offiziere, die wichtigsten Geschäfte in Fermoy.

Liam Lynch war durch und durch Soldat. Er war 1,80 Meter groß und in seinen Augen konnte man lesen, dass er zum Anführer geboren war. Er war sanft wie ein Kind, aber ein unerschrockener Soldat und befehligte eine der besten Brigaden Irlands im Kampf gegen die Briten.

Kurz nach der Eroberung der Araglen-Kaserne durch Liam Lynch errang Michael Brennan den nächsten Sieg dieser Art, indem er alle Waffen und Munition in einer Kaserne in Clare erbeutete. In diesem Fall wurde die Kaserne von Constable Buckley übergeben, der später während des Krieges für die IRA kämpfte und während des Bürgerkriegs in Kerry als Gefangener getötet wurde. Die nächste Kaserne, die von der IRA eingenommen wurde, war Ballylanders am 28. April 1920, als drei Polizisten verwundet wurden und die Kaserne bis auf die Grundmauern niederbrannte, nachdem die Garnison ihre Waffen an Sean Malone (*alias* „Forde") übergeben hatte, der den Angriff kommandierte.

Nach unserer Rückkehr nach Tipperary führten wir sehr bald drei Angriffe auf Polizeikasernen durch, von denen sich eine nach einem fünfstündigen Kampf uns ergab.

Die erste Kaserne in Tipperary, die sich der IRA ergab, war Drangan. Das war am 4. Juni 1920. Drangan liegt am östlichen Ende der Grafschaft, nahe der Kilkenny-Seite. Sie ist sieben Meilen von Killenaule entfernt.

Unser übliches Vorgehen bei diesen Angriffen – die immer nachts stattfanden – bestand darin, 30 oder 40 IRA-Männer zu mobilisieren und Bäume auf allen Straßen zu fällen, die zu der Stellung führten. Auf diese Weise verhinderten wir, oder verzögerten zumindest, dass Hilfe zur belagerten Garnison eintraf. Diese Straßenblockaden wurden oft in einem Umkreis von fünf oder zehn Meilen durchgeführt . Oft fällten wir auch Bäume auf den Straßen, wenn wir gar nicht die Absicht hatten, eine Stellung anzugreifen – nur um den Feind zu ärgern und zu verwirren.

Nachdem wir diese Vorsichtsmaßnahmen ergriffen hatten, um sicherzustellen, dass keine Hilfe zur Garnison gelangen konnte, schnitten wir auch die Telegrafen- und Telefonleitungen ab. Dann besetzten wir in aller Stille einige Häuser vor oder hinter der Kaserne und eröffneten unseren Angriff, während einige unserer Männer vielleicht versuchten, das Gebäude mit Benzin in Brand zu setzen. Sehr oft war das erste Anzeichen unserer Anwesenheit die Explosion einer Mine an der Tür oder am Giebel der Kaserne, um das Gebäude in die Luft zu sprengen oder eine Bresche zu schlagen. Manchmal gelang dieser Plan, manchmal misslang er.

Der Kampf bei Drangan war eine langwierige Angelegenheit. Die Offiziere, die am Angriff teilnahmen, waren Sean Treacy, Seumas Robinson, Ernie O'Malley, Sean Hogan und ich. Nachdem wir zunächst die üblichen Schritte unternommen hatten, die Straßen blockierten und alle Leitungen durchtrennten, besetzten wir in aller Stille ein leerstehendes Haus direkt vor der Kaserne – warum die Polizei so dumm war, es unbewacht zu lassen, kann ich mir nicht vorstellen. Weitere unserer Männer gingen nach hinten und nahmen Stellungen zum Eröffnen des Feuers ein, während wir auf der Straße davor eine kleine Barrikade errichteten. Gegen Mitternacht begannen wir den Angriff. Nach der ersten Salve stellten wir das Feuer ein und forderten die Verteidiger auf, sich zu ergeben. Das taten wir immer, nicht nur, um wenn möglich ihr Leben zu schonen , sondern auch, um unsere eigenen Munitionsvorräte zu schonen, die nie im Überfluss vorhanden waren. Aber sie weigerten sich, herauszukommen. Wir erneuerten den Angriff mit Gewehren, Bomben, Revolvern und Schrotflinten – unsere Munition war immer notwendigerweise gemischt. Der Feind antwortete heftig auf unser Feuer, aber ohne Wirkung. Plötzlich erhellten Verey-Lichter den Himmel – Raketen, die von der Garnison abgefeuert wurden, um benachbarten Posten zu signalisieren, dass sie Hilfe brauchten. Aber wir wussten, dass es lange dauern würde, bis Hilfe unsere Sperren passieren konnte. Wir setzten den Angriff mit neuer Kraft von vorne und hinten fort, und einige unserer Männer rissen tatsächlich die Schieferplatten vom Dach der Baracke ab.

Unter Gewehrschüssen und explodierenden Bomben brach gerade das Tageslicht an, als das feindliche Gegenfeuer plötzlich nachließ. Einen Moment später ertönte aus einem der Fenster ein scharfer Pfiff, und unsere Männer stellten das Feuer ein. Der Garnison wurde der Befehl zugerufen, ins Freie vorzurücken. Eine Minute später waren sie entwaffnete Gefangene. Wir bereiteten unsere Rückkehr in Sicherheit vor, bevor militärische Verstärkungen ihren Weg durchbrachen. Wir marschierten mit unseren Gefangenen – zwei Sergeanten und sechs Polizisten – an den Rand des Dorfes, ließen sie frei und zogen mit unserer Beute ab, ohne dass einer unserer Männer verletzt wurde.

In derselben Nacht wurde die Cappawhite-Polizeikaserne, ebenfalls in Tipperary, von einer anderen Gruppe IRA-Männer angegriffen, aber die Garnison hielt stand.

Manchmal war es amüsant, die Berichte über diese Angriffe am nächsten Tag in den Zeitungen zu lesen. Natürlich erzählte keiner unserer Männer jemals die wahre Geschichte, und die Zeitungsleute mussten sich hauptsächlich auf die Version der Polizei verlassen. Die Polizei musste natürlich in den Augen ihrer eigenen Vorgesetzten die bestmögliche Show abliefern, und die Zeitungsleute mussten deren Version akzeptieren, weil sie die Informationen brauchten, die ihnen freundliche Polizisten später geben konnten, und auch, weil sie einen überraschenden Mitternachtsbesuch von den Black and Tan-Folterknechten bekommen könnten, wenn irgendetwas Abfälliges über die Polizei gesagt würde. Daher kam es oft vor, dass die Polizei der Öffentlichkeit erzählte, wenn wir nur 30 oder 40 Männer mit vielleicht einem halben Dutzend Gewehren im Einsatz hatten, dass die „Anzahl der Angreifer auf 300 geschätzt wurde, mit mehreren Maschinengewehren". Und oft, wenn keiner unserer Männer einen Kratzer abbekam, wurde berichtet, dass „mehrere der Angreifer gefallen waren und vermutlich drei erschossen wurden". Es gab Zeiten, in denen wir tatsächlich Verluste erlitten, aber sie ahnten es nie.

Unsere nächste Operation dieser Art fand im Nordwesten der Grafschaft in den Bergregionen von Hollyford statt. Auch sie war ein voller Erfolg, da wir die gleiche Truppe waren, die die Operation leitete. Man muss bedenken, dass zu dieser Zeit die Zahl der flüchtigen Männer verhältnismäßig gering war und wir uns oft auf Männer verlassen mussten, die nie verdächtigt wurden, an diesen Angriffen teilgenommen zu haben, und die vor dem Morgengrauen zu ihrer Arbeit zurückkehrten.

Unser nächster Angriff fand nicht weit vom selben Bezirk statt – Rear Cross. Hier lieferten wir uns einen verzweifelten Kampf und mussten uns zurückziehen, ohne die Stellung eingenommen zu haben. In diesem Kampf erhielten wir Unterstützung von einigen Männern der East Limerick Brigade und der North Tipperary Brigade, aber die Hauptoffensive führten die Jungs von South Tipperary unter Sean Treacy und mir aus. Die Garnison, muss ich sagen, leistete tapfere Verteidigung und setzte ihre Handgranaten mit Erfolg ein. Ernie O'Malley, Jim Gorman, Treacy und ich wurden alle durch Granatsplitter verwundet. Es gelang uns, das Gebäude in Brand zu setzen, und ich glaube, mehrere Feinde verbrannten, während zwei weitere erschossen wurden.

Ungefähr zu dieser Zeit – genauer gesagt in der Nacht des 27. Mai – fand der berühmte Angriff auf Kilmallock statt. Ich war bei diesem Angriff nicht beteiligt. Dieser Angriff, der von Sean Malone (*alias* „Forde") ausgeführt wurde, erregte damals großes Aufsehen. Es war eine langwierige Schlacht, die von Mitternacht bis 7 Uhr morgens dauerte. Die Kaserne, die als uneinnehmbar galt, befand sich im Herzen der Stadt und war von einer der größten RIC-Garnisonen im Süden besetzt. Die IRA besetzte ein Hotel und mehrere Häuser an der Hauptstraße und pumpte tatsächlich Benzin aus einem Schlauch auf das Gebäude. Die Kaserne wurde bis auf die Grundmauern niedergebrannt, aber unsere Männer mussten den Angriff abbrechen, bevor die Garnison zur Kapitulation gezwungen wurde. Ein IRA-Offizier – Scully aus Kerry – wurde getötet, zwei der Feinde wurden getötet und sechs von ihnen verwundet. Die beiden Polizisten wurden in einem Raum verbrannt, in den man sie eingesperrt hatte, weil sie zur Kapitulation geraten hatten. Der Sergeant, der die Garnison befehligte, wurde zu seiner Verteidigung zum Distriktinspektor befördert. Er wurde einige Monate später in Listowel erschossen.

Die nächste große Auseinandersetzung, an der wir teilnahmen, war der berühmte Kampf bei Oola, an dem Tag, als Brigadier-General Lucas entkam. Über diesen sensationellen Vorfall muss ich im nächsten Kapitel berichten.

KAPITEL XIX.
GEFANGENNAHME UND FLUCHT VON GENERAL LUCAS.

Die Gefangennahme von Brigadier-General Lucas wurde am 26. Juni 1920 von Liam Lynch, George Power und einigen weiteren Mitarbeitern von Lynch durchgeführt . General Lucas, der in Fermoy stationiert war und in diesem Bezirk das Kommando hatte, wurde von Colonel Danford, RE, und Colonel Tyrell begleitet. Lynch und seine Kameraden fuhren in einem Auto vor und überraschten die drei britischen Offiziere an einem Ort namens Conna in der Nähe von Castlelyons, sieben oder acht Meilen von Fermoy entfernt, wo General Lucas ein Fischerhäuschen bezogen hatte. Sie wurden völlig überrascht und in ein wartendes Auto gebracht. Die ursprüngliche Idee war, den General als Geisel zu nehmen und ihn gegen Bob Barton, TD, auszutauschen, der damals in einem englischen Gefängnis als Krimineller behandelt wurde, wo er eine 10-jährige Haftstrafe wegen „Aufruhrs" verbüßte.

weit getrieben hatte, unterhielten sie sich auf Arabisch miteinander. Der Inhalt ihres Gesprächs wurde deutlich, als sie eine halbe Stunde später ihre Entführer plötzlich angriffen. In einem heftigen Handgemenge wurde Colonel Danford verwundet. Lynch schickte daraufhin ein Auto zurück zur Militärkaserne von Fermoy und ließ Tyrell frei, während Lucas in die Obhut der IRA gebracht wurde. Die englischen Soldaten in Fermoy zeigten ihre Dankbarkeit für einen großzügigen Feind, der einen verwundeten Offizier freigelassen hatte, indem sie die Stadt in der nächsten Nacht verwüsteten – das zweite Mal innerhalb von zwölf Monaten, dass Fermoy aufgrund einer erfolgreichen Heldentat von Liam Lynch verwüstet wurde.

Lucas selbst war durch und durch ein Gentleman und Soldat. Fünf Wochen lang war er Gefangener der IRA und während dieser Zeit wurde er mit der Höflichkeit und Freundlichkeit behandelt, die seinem Rang und Charakter entsprach. Er konnte mit seinen Verwandten in Kontakt treten und bekam jeden Trost, den seine Entführer – die selbst mit ihrem Gefangenen „auf der Flucht" waren – ihm bieten konnten. Ihm muss man zugutehalten, dass er dies später zugab, obwohl er, glaube ich, Ärger mit dem britischen Kriegsministerium bekam.

Zuletzt wurde er in einem Haus in Ost-Limerick festgehalten. Von dort floh er in der Nacht des 29. Juli unter Umständen, deren Einzelheiten ich nicht schildern kann.

Am Morgen des 30. Juli hatten Sean Treacy und der Rest von uns einen Hinterhalt auf der Straße zwischen Limerick und Tipperary geplant. Zu dieser Zeit bereiteten unsere Männer dem Feind viel Ärger, indem sie Züge und Postwagen anhielten, um Briefe zu zensieren und Informationen zu erhalten. Auf diese Weise erhielten wir von Zeit zu Zeit viele wertvolle Informationen, darunter hier und da auch Beweise gegen lokale Spione. Wir bereiteten den Briten ein so ernstes Problem, dass sie besondere Vorkehrungen treffen mussten, um zu verhindern, dass Militärpost und -depeschen in unsere Hände fielen. So beschloss die Garnison von Limerick beispielsweise, jeden Morgen eine spezielle Militäreskorte über die Straße zum Limerick Junction zu schicken, um dort die Post vom Zug abzuholen und so mögliche Überfälle auf der 20 Meilen langen Nebenstrecke zwischen Limerick Junction und Limerick zu vermeiden.

Wir beschlossen, dieser Gruppe einen Hinterhalt zu überfallen. Die Stelle, die wir aussuchten, lag eine halbe Meile auf der Tipperary-Seite des Dorfes Oola. Das wären etwa sechs Meilen von Tipperary, fünfzehn Meilen von Limerick und vier Meilen von Soloheadbeg entfernt. Obwohl wir uns auf der Hauptstraße von Limerick nach Waterford befanden , hatten wir ein großes Stück Land, über das wir nach Süden flüchten und zurück nach Ost-Limerick gelangen konnten. Das Land ist vergleichsweise flach und bietet entlang der Straße dichte Weißdornhecken als Deckung.

Wir erwarteten, dass das Militärfahrzeug gegen 10.30 Uhr aus Limerick eintreffen würde. Einige Minuten zuvor fällten wir einen Baum auf der Straße, um ihnen den Weg zu versperren. Dann bezogen wir unsere Positionen, immer noch gut außer Sichtweite, denn man muss bedenken, dass im Dorf Oola selbst, fast in Sichtweite unseres ausgewählten Standorts, eine starke Garnison von Peelern stationiert war und auf der anderen Seite von uns, zwei Meilen entfernt an der Limerick Junction, eine weitere RIC-Garnison stationiert war.

Pünktlich kam das Militärfahrzeug aus Limerick angerast. Gerade als sie um eine Ecke bogen und fast in die Kaserne hineinfuhren , eröffneten wir das Feuer. Wie aus dem Nichts sprang jeder Mann aus dem Fahrzeug und ging in Deckung, um unseren Männern zu antworten.

Eine halbe Stunde lang folgte ein heftiges Gefecht. In der ersten Minute ließen zwei Briten ihre Gewehre fallen und fielen tot um, aber die anderen feuerten weiterhin Salve um Salve in die Richtung, aus der unser Feuer kam. Aber wir waren in Schwierigkeiten. Wir waren nur zu siebt dort und hatten nur zehn Schuss Munition pro Mann.

Zu allem Übel sahen wir plötzlich noch ein weiteres Militärfahrzeug aus Richtung Limerick vor Ort ankommen. Damit hatten wir nicht gerechnet. Diese Verstärkungen müssen zufällig eingetroffen sein, aber mit unseren begrenzten Vorräten konnten wir nicht weiter gegen die ganze Gruppe vorgehen. Wir beschlossen, uns zurückzuziehen. Während wir uns zurückzogen und den Feind immer noch mit einer Salve von den Feldern aus in Schach hielten, sahen wir ein halbes Dutzend RIC-Männer mit Gewehren aus dem Dorf kommen, um dem Militär weiter zu helfen. Wenn wir von vornherein genug Männer oder Munition gehabt hätten, hätten wir natürlich ein paar Männer abkommandieren können, um einen Angriff auf die Kaserne vorzutäuschen und diese Kerle drinnen zu halten; aber das konnten wir uns nicht leisten, und so schlugen unsere Pläne fehl.

DIE FLIEGENDE KOLONE IN TIPPERARY.

Wir zogen uns zurück, ohne einen Mann zu verlieren oder eine Verwundung zu erleiden. Der Feind hatte drei Tote und drei Verwundete zu beklagen.

Am nächsten Morgen erfuhren wir mehr, als wir während des Angriffs wussten. Brigadegeneral Lucas befand sich tatsächlich bei den feindlichen Streitkräften. Er war, wie ich bereits sagte, in der Nacht zuvor geflohen. Er irrte die ganze Nacht durch die Felder, ohne genau zu wissen, wo er war, und versuchte erstens, unseren Männern auszuweichen, die ihn möglicherweise verfolgen wollten, und zweitens, mit einigen seiner eigenen Kräfte, der Polizei oder dem Militär, Kontakt aufzunehmen. Am Morgen des Hinterhalts erreichte er das Dorf Pallas, drei Meilen auf der Limerick-Seite von Oola, und wurde offensichtlich von dem vorbeifahrenden Auto mitgenommen.

Wir erkannten ihn natürlich nicht. Tatsächlich wussten wir nicht einmal von seiner Flucht. Das Ganze war reiner Zufall, obwohl die englischen Zeitungen die Geschichte am nächsten Tag als „Versuch, den General wieder einzufangen" aufzogen. Vielleicht ist es auch gut so, dass wir ihn nicht erkannten. Wie dem auch sei, wir wünschen ihm viel Glück, jetzt, da alles vorbei ist.

Einige Tage nach diesem Einsatz in Oola kehrte ich nach Dublin zurück. Eine Zeit lang war ich mit Nebentätigkeiten beschäftigt. Erst dann bot sich mir die Gelegenheit, einige der Handgranatenstücke, die ich beim Angriff auf die Polizeikaserne von Rear Cross erlitten hatte, aus meinem Körper zu entfernen.

Das war im Herbst 1920. Wir waren nun seit anderthalb Jahren auf der Flucht, und auf uns war ein Kopfgeld ausgesetzt. Aber ich wurde immer rücksichtsloser. Der Krieg wurde von Tag zu Tag heftiger. Ich sah, dass der Kampf des irischen Volkes die Form annahm, die ich mir immer erhofft hatte. Die britischen Soldaten und Polizisten, insbesondere die Black and Tans und die Hilfstruppen – die letzteren waren allesamt ehemalige Offiziere der britischen Armee und die Gentlemen-Mörder der Garnison – plünderten Tag und Nacht Geschäfte, brannten Privathäuser nieder, ermordeten Gefangene und folterten Jugendliche. Aber je brutaler ihre Unterdrückungsmethoden wurden, desto entschlossener war das irische Volk, bis zum bitteren Ende zu kämpfen. Praktisch das ganze Land war nun auf unserer Seite und half uns mit Nahrungsmitteln und Informationen, wenn sie uns nicht aktiver helfen konnten. Männer, die nicht die gleichen Ansichten über aktive Kriegsführung hatten wie wir, wurden in unsere Reihen getrieben, weil sie, wenn sie zu Hause in ihren Betten blieben, mitten in der Nacht von den Briten ermordet würden. Tatsächlich bestand ihre einzige Hoffnung auf Rettung darin, zu fliehen.

Wenn jemand, der mit den Ereignissen jener Zeit nicht genau vertraut ist, der Meinung ist, ich würde den Briten zu viel vorwerfen, kann ich ihn nur auf die irischen Zeitungen jener Zeit verweisen. Diese Zeitungen waren erbitterte Gegner unserer Politik und unserer Methoden, daher war es unwahrscheinlich, dass sie zu unseren Gunsten übertreiben würden. Außerdem wussten sie, dass sie sofort unterdrückt würden, wenn sie es wagten, eine unhaltbare Anklage gegen die Briten zu erheben. Und doch berichteten diese Zeitungen anderthalb Jahre lang Tag für Tag über die Ermordung von Dutzenden Gefangenen, die Erschießung von Männern in ihren Betten, die Plünderung von Städten und das Niederbrennen ganzer Straßen.

Der Historiker wird noch die Millionen von Pfund an Schaden berechnen, die sie angerichtet haben, und die Hunderte von Morden, die sie begangen haben. Es ist eine bekannte Tatsache, dass Dutzende dieser Black and Tans aufgrund der Gräueltaten, für die sie verantwortlich waren, seitdem Selbstmord begangen haben oder verrückt geworden sind.

Und während dieser ganzen Zeit wurde die IRA jeden Tag zu einer größeren und perfekteren Militärmaschine. Meine Prophezeiung an Sean Treacy aus dem Jahr 1918 erfüllte sich. Als der Kampf um die Freiheit erst einmal ernsthaft begann, wurde er, wie ich gesagt hatte, mit neuer Kraft weitergeführt.

Während dieses Besuchs in Dublin legte ich dem Hauptquartier einen neuartigen Vorschlag vor, dessen Annahme den gesamten Charakter des Kampfes veränderte. Ich werde meinen Vorschlag im nächsten Kapitel darlegen.

In der Zwischenzeit muss ich hier auf meine stets treuen Freunde verweisen, in deren Häusern meine Gefährten und ich in Dublin immer willkommen waren, obwohl Folter und Gefängnis das Schicksal aller gewesen wären, unter deren Dach wir Schutz suchten. Ich kann mich jetzt nicht an sie alle erinnern, aber einige werde ich nie vergessen – Seumas Ryan von der Monument Creamery; die Bolands aus Clontarf (Harrys Leute); Seumas Kirwan aus der Parnell Street (ein Mann aus Tipperary); die Delaneys aus der Heytesbury Street (jetzt Seumas Robinsons Schwiegereltern); die Flemings aus Drumcondra; Mr. und Mrs. Duncan aus Irishtown; Seumas und Mrs. O'Doherty aus der Connaught Street (später meine guten Freunde in Amerika); Martin Conlon und natürlich Phil Shanahan.

KAPITEL XX.
ABENTEUER MIT DER MÖRDERBANDE.

Der Plan, den ich dem Hauptquartier vorlegte, war die Einrichtung von fliegenden Kolonnen in jeder Grafschaft, beginnend natürlich mit Tipperary. Meine Erfahrung mit Hinterhalten und Kasernenangriffen hatte mich davon überzeugt, dass ein solcher Plan ein enormer Erfolg werden würde.

Bisher waren wir sehr auf die Hilfe von Männern angewiesen, die nachts an einem Kasernenangriff teilnahmen und am nächsten Morgen wieder in den Läden arbeiteten. Das war aus vielen Gründen ungünstig. Erstens bedeutete es, dass sie nur nachts helfen konnten. Zweitens bedeutete es oft, dass sie aus geschäftlichen Gründen nicht kommen konnten, und so konnten wir uns nicht sehr auf sie verlassen. Die Enttäuschung, die wir von den Männern aus Tipperary in Knocklong erlitten, zeigte, welche ernsthaften Risiken es mit sich brachte, sich auf Männer zu verlassen, die man nicht zur Hand hatte. Außerdem konnten diese Teilzeitfreiwilligen unmöglich die erforderliche Ausbildung haben; sie konnten nicht weit von zu Hause weg und lebten eher in einer Atmosphäre des Friedens als des Krieges.

Wir brauchten Vollzeitsoldaten, die Tag und Nacht kämpfen konnten, immer zur Stelle waren und für jedes Abenteuer bereitstanden und ausreichend Zeit für die Ausbildung aufwendeten. Sie sollten eine mobile Truppe sein, die heute in einem Bezirk den Feind angreifen und ihn am nächsten Morgen zwanzig oder dreißig Meilen entfernt überraschen konnte. Konnten wir das bekommen? Wir konnten. Zusätzlich zu den wenigen Männern, die ständig auf der Flucht waren – und deren Zahl wuchs täglich – gab es Dutzende, die bereit waren, sich freiwillig für den Vollzeit-Aktivdienst in jedem Bezirk zu melden. Außerdem machte die Taktik der Briten, Männer zu ermorden, die sie als Freiwillige verdächtigten, es jedem IRA-Mann unmöglich, zu Hause oder bei seiner normalen Arbeit zu bleiben. Wir wurden mit Hunderten von Kerlen belastet, die nur im Weg wären, wenn sie nicht in richtigen Militäreinheiten organisiert wären, die unter disziplinierten und mutigen Offizieren operieren würden.

Mit solchen Argumenten überzeugten wir den Stab des Hauptquartiers. Die Fliegenden Kolonnen wurden organisiert und ihnen oblag die Hauptlast des Krieges für die verbleibenden zwölf Monate. Der vielleicht erfolgreichste Aspekt dieses Systems war, dass es aktiven Grafschaften wie Tipperary und Cork ermöglichte, von Zeit zu Zeit Kolonnen in Orte wie Kilkenny und Waterford zu schicken, wo die Briten aufgrund der Apathie der Einheimischen zu wenig Ruhe hatten.

In diesen Herbsttagen des Jahres 1920 war der arme Dinny Lacy ständig mit mir in Dublin und wir erlebten viele aufregende Abenteuer zusammen, bei denen wir „G"-Männern oder Spionen, die uns auf die Spur gekommen waren, auswichen oder ihnen trotzten.

Dinny, dessen Name in den Ereignissen von 1920 bis 1922 eine wichtige Rolle spielte, wurde in Goldengarden im Herzen von Tipperary geboren. Er besuchte die Donaskeigh School in der Pfarrei des patriotischen Paters Matt Ryan, des „Generals des Landkriegs". Dinny war ein großartiger Sprinter und Fußballer; eigentlich war er ein Allround-Mann. Sein Zuhause war nur etwa eine Meile von meinem entfernt und wir kannten uns seit unserer Kindheit. Er ging als Junge in die Stadt Tipperary und wurde bald als Manager eines großen Kohle- und Lebensmittelbetriebs zum vertrauenswürdigsten Mann seines Arbeitgebers. Er rauchte und trank nie und war immer äußerst religiös und konnte jeden Morgen in Tipperary bei der Messe gesehen werden. Er war immer ein eifriger Schüler der irischen Sprache und wurde von Anfang an ein begeisterter Freiwilliger dieser Truppe. In der Osterwoche des Jahres 1916 gehörte er zu der kleinen Gruppe , die dem Aufruf zur Mobilisierung für den Einsatz in Galbally, zehn Kilometer von Tipperary entfernt, folgte. Er wurde jedoch nach Hause geschickt und wie der Rest der Männer von Tipperary bekam er in dieser Woche keine Chance, einen Schlag zu führen.

Im Sommer 1916 war er einer der enthusiastischsten Befürworter der Reorganisation der Irish Volunteers als Kampftruppe. Bescheiden und anspruchslos war er immer auf der Suche nach einem Gewehr oder einem Revolver und gab sein ganzes eigenes Geld für solche Einkäufe aus. Er gab alles, sogar sein Leben, für die Sache der Freiheit.

In den Jahren 1917 und 1918 kam ich wieder häufig mit ihm in Kontakt. Er nahm im Mai 1920 an der großen Schlacht bei Kilmallock teil und musste kurz darauf fliehen. Von da an wurde er einer der mutigsten und erfolgreichsten Kämpfer gegen die Briten. Die Black and Tans hassten ihn so sehr, dass sie tatsächlich das Haus niederbrannten, in dem er in Tipperary gewohnt hatte. Der arme Dinny! Er entkam den Kugeln der Engländer, wurde aber Anfang 1923 bei einem Gefecht im Glen of Aherlow von den Free Staters getötet.

Ich muss jedoch meine Geschichte fortsetzen. Ich wusste, dass meine Tage gezählt waren, wenn ich in Dublin blieb. Die Briten hatten überall Spione, „Schlepper" und „Späher". Sie hatten großzügige Belohnungen für Informationen versprochen und unternahmen zu dieser Zeit verzweifelte Anstrengungen, ihren Geheimdienst wiederherzustellen und ihn mit unserem zu vergleichen. Überall sah man Khaki und Gewehre und Lastwagen. Es war ganz normal, dass ein gewöhnlicher Fußgänger sechs oder sieben Mal am Tag von Truppen auf der Straße angehalten und durchsucht wurde. Sie sprangen von Lastwagen und durchsuchten und befragten Passanten. Sie bestiegen Straßenbahnen und durchsuchten jeden Passagier. Sie umstellten ganze Häuserblöcke und blieben tagelang mit einer Absperrung um sie herum, während jedes Haus vom Keller bis zum Dachboden durchsucht wurde. All diese Dinge waren keine Seltenheit, sondern alltägliche Vorkommnisse.

Gleichzeitig wurden Leute ins Schloss gebracht und gefoltert, um an Informationen zu kommen. Briefe wurden auf dem Postweg geöffnet, Hotelangestellte bestochen und ein ausgeklügeltes und schnelles System von Telefoncodes für die Schlepper und Späher eingerichtet. Ist es überraschend, dass ich unter solchen Umständen oft Schwierigkeiten hatte zu entkommen? Ich wurde auf Schritt und Tritt beschattet und ich wusste es, aber ich trug immer meine Waffe am Handgelenk und versteckte sie im Ärmel meines Mantels, bereit, jedem entgegenzutreten, der mich herausforderte.

Schließlich kam ein Abenteuer, von dem ich dachte, es würde mein letztes sein. Eines Freitagabends stand ich allein an der Ecke von Nelson's Pillar, Henry Street. Ich hatte vereinbart, die Nacht bei Carolan's zwischen Drumcondra und Whitehall zu verbringen. Der Whitehall-Wagen kam vorbei, und ich sprang aufs Dach. Sofort sprangen fünf Männer auf denselben Wagen und kamen hinter mir die Treppe herauf. Zwei von ihnen erkannte ich sofort als Mitglieder der Castle-Mordbande, die vor kurzem von General Tudor, dem Kommandeur der berüchtigten Hilfstruppen, organisiert worden war. Diese Mörderbande bestand aus einer Reihe von Iren und Engländern, die angewiesen waren, bei jeder sich bietenden Gelegenheit jeden prominenten IRA-Offizier zu erschießen, ob er nun ein Gefangener in ihren Händen war oder auf welche Weise auch immer sie die Gelegenheit dazu hatten. Dies war natürlich Sir Hamar Greenwood bekannt und hatte seine Zustimmung. Die Mitglieder der Bande wurden nicht nur besonders bezahlt, sondern man versicherte ihnen auch, dass sie, egal welche Beweise gegen sie vorgebracht würden, niemals vor Gericht gestellt würden. Tatsächlich gelang es ihnen, eine ganze Reihe unserer Männer hier und da im ganzen Land zu ermorden. Einer der Anführer der Bande war ein Polizeipräsident, der einige Jahre zuvor in meiner Gegend um Tipperary als einfacher Polizist gedient hatte.

Die Organisation dieser Mörderbande wurde streng geheim gehalten, sogar vor Militär- und Polizeibeamten. Wir wussten natürlich alles über unseren eigenen Geheimdienst. Wir kannten die Namen der meisten Mitglieder und die Morde, an denen sie beteiligt waren. Außerdem hatte das Hauptquartier unseren Brigaden Fotos von einigen von ihnen geliefert.

also an jenem Abend zwei Mitglieder der Bande im Straßenbahnwagen erkannte, musste ich kein Sherlock Holmes sein, um zu dem Schluss zu kommen, dass ihre drei Gefährten ebenfalls von derselben Sorte waren. Aber ich schilderte nicht die Geschichte der Mörderbande, als mir meine Lage bewusst wurde. Ich war in einer Zwickmühle. Ein Versuch, aus dem Wagen zu fliehen, wäre für sie eine Einladung gewesen, das Feuer zu eröffnen. Außerdem bestand die Möglichkeit, dass ihre Anwesenheit im Wagen reiner Zufall war. Vielleicht erkannten sie mich überhaupt nicht. Vielleicht waren sie in Wirklichkeit mit einem anderen Auftrag beschäftigt.

All diese Gedanken schossen mir in einem Bruchteil der Zeit durch den Kopf, die sie zum Erzählen brauchen. Ich musste ruhig bleiben, um nicht durch das geringste Anzeichen zu verraten, dass ich aufgeregt oder in Panik war. Mir blieb nichts anderes übrig als das alte Spiel aus Coolness und Bluff, das mir auf der Straße nach Foynes und in Whitehall ein paar Monate zuvor so gute Dienste geleistet hatte.

Ich setzte mich auf die Dreierbank hinten im Wagen, gleich oben an der Treppe. Dann holte ich eine Schachtel Zigaretten heraus und zündete mir eine an. Sofort setzten sich zwei aus der Bande auf dieselbe Bank, einer auf jeder Seite von mir. Ein dritter blieb direkt mir gegenüber stehen und hielt sich am Geländer fest. Die anderen beiden gingen den Mittelgang entlang bis ganz nach vorn im Wagen. Ich habe mich noch nie in meinem Leben unwohler gefühlt. Ich war mir der Gefahr bewusst, in der ich schwebte, sah aber keinen Ausweg.

Weder sie noch ich rührten sich. Der Wagen setzte seine Fahrt fort, vollgestopft mit Passagieren, die sich des Dramas, das sich neben ihnen abspielte, kaum bewusst waren. Es war nach 11 Uhr und alle eilten nach Hause, denn um 12 Uhr war Ausgangssperre und niemand wagte es, nach dieser Zeit noch draußen zu sein, um nicht zur Zielscheibe von Dutzenden von Kugeln zu werden.

Square hinauffuhr, begann ich mich etwas beruhigter zu fühlen. Ich hatte schon oft angenehme Fahrten mit Detektiven und Polizisten gehabt, die mich nie erkannten. Vielleicht war mein Glück noch nicht zu Ende.

Plötzlich bewegten sich der Mann zu meiner Rechten und sein Begleiter zu meiner Linken gleichzeitig. Ihre rechten Hände wanderten zurück in die Gesäßtaschen. Sie zogen etwas heraus.

Noch eine Sekunde und ich hatte meine Waffe gezogen. Ich hatte zuerst gezogen. Sie erkannten mein Vorhaben. Noch eine Sekunde später rannten meine drei Möchtegernmörder kopfüber die Treppe hinunter. Ich war ihnen mit meinem Revolver auf den Fersen. Sie sprangen aus dem Auto auf die Straße und ich sprang ihnen auf den Fersen. Jetzt folgte ein weiterer Moment des Zögerns. Würden sie das Feuer eröffnen?

Es war kein geeigneter Ort für ein Duell. Die Straßen waren voll mit eilenden Fußgängern. Soldaten oder Hilfstruppen konnten jeden Moment auftauchen. Wenn die drei Mörder schossen, blieb mir nichts anderes übrig, als umzukehren. Wenn sie es nicht taten, würde ich nicht schießen. Aber ich konnte es mir nicht leisten, viel Zeit zu verlieren. Es gab nur noch eine Straßenbahn nach Whitehall und die musste ich nehmen, sonst würde ich Gefahr laufen, von einer Ausgangssperre aufgegriffen zu werden.

Wir befanden uns in der Mitte der Dorset Street, fast gegenüber der Gardiner Street Church. Ich versuchte es mit einer kleinen List. Ich trat auf den Bürgersteig und rannte plötzlich in Richtung St. Joseph's Terrace. Aber ich rannte nur drei oder vier Schritte. Dann stampfte ich mit den Füßen auf den Bürgersteig und machte ein Geräusch, als ob ich im Laufschritt wäre. Bei meiner ersten Bewegung rannten auch die drei Männer, die ein paar Meter vor mir waren. Sie bogen schnell in die kleine Allee ein, die parallel zur St. Joseph's Terrace verläuft. Sie waren durch meine List getäuscht worden und rannten offensichtlich los, um mich am anderen Ende abzufangen.

Während ihre rennenden Schritte noch auf dem Bürgersteig widerhallten, erschien die letzte Straßenbahn aus der Stadt. Ich sprang auf den Bahnsteig, als sie vorbeifuhr, und ließ die Mörderbande hinter mir, die wahrscheinlich die Seitenstraßen nach mir absuchte. Was ich nie verstehen kann, ist, warum ihre beiden Begleiter, die mit ihnen in der Straßenbahn gekommen waren, mir nicht nachjagten, als ich die anderen drei aus dem Wagen jagte. Möglicherweise gehörte Loyalität gegenüber Kameraden nicht zu ihrem Credo, wenn sie mit Gefahr verbunden war.

Wie ich herausfand, war es einer dieser fünf Männer, der uns später in der Nacht des schrecklichen Kampfes in „Fernside" verfolgte. Ich schlief in dieser Nacht bei Fleming in Drumcondra. Am nächsten Morgen erzählte ich Sean Treacy von meinem Abenteuer und er lachte herzlich und tröstete mich mit der Bemerkung, dass ich kaum noch länger entkommen könne. Später, als wir darüber sprachen, betrachtete er den Vorfall jedoch in einem ernsteren Licht. Schließlich beschlossen wir, dass keiner von uns jemals wieder allein ausgehen würde; dass wir entweder beide zusammen ausgehen oder beide drinnen bleiben würden. Es schien der naheliegende Pakt zu sein, jetzt, da die Spur immer heißer wurde und wir so viele Gefahren gemeinsam überstanden hatten.

An diesem Samstagmorgen gingen wir zu Mrs. Fitzgerald in die Hollybank Road, fast neben Flemings. Mrs. Fitzgerald war selbst eine Frau aus Tipperary, und wir hatten schon oft die Gastfreundschaft ihres Hauses genossen. Wir waren an diesem Tag müde und schläfrig, also verbrachten wir die meiste Zeit im Bett.

Am nächsten Tag gingen wir nach Croke Park, dem Sitz der Gaelic Athletic Association, nur sieben Gehminuten von Hollybank Road entfernt. Schon viele Sonntage zuvor hatten wir es uns zur Gewohnheit gemacht, Croke Park zu besuchen, wenn wir nichts anderes zu tun hatten. Normalerweise spielten wir eine Partie Karten – unser Lieblingsspiel war „Forty-five" – mit Funktionären der GAA, die gerade anwesend waren, insbesondere Luke O'Toole (der Sekretär der Association), Andy Harty und DP Walsh (beide aus unserem eigenen County) und Alderman Nowlan, dem Präsidenten. Sie waren alle gute Freunde von uns und bereiteten uns viele angenehme Abende in Lukes Haus, wenn die Spiele des Tages beendet waren.

Ich erinnere mich gut an diesen Sonntag, denn er führte, so seltsam das auch erscheinen mag, indirekt zum Kampf in Drumcondra.

Die Einsätze waren nie hoch, aber für Männer in Seans und meiner damaligen Lage schienen ein paar Schilling ein Vermögen zu sein. Der Abend, von dem ich spreche, war ungewöhnlich aufregend; der „Kasse" oder Pool wuchs allmählich zu einer schönen Summe an, und ich gebe zu, dass ich ihn neidisch beobachtete, als er wuchs. Das Glück war mir hold – sogar beim Glücksspiel! Ich gewann den Pool und selten war Geld in meiner Tasche willkommener.

Zu diesem Zeitpunkt waren unsere Pläne noch nicht sehr konkret. Wir hatten sie uns nicht ganz selbst ausgedacht. Dinny Lacey war vor etwa zwei Wochen nach Tipperary zurückgekehrt und wir hatten ihm versprochen, uns innerhalb einer Woche zu ihm zu gesellen. Entgegen unserer üblichen Gewohnheit hatten wir unseren Termin nicht eingehalten, aber das lag nicht an uns. Es lag an den Maßnahmen des Hauptquartiers.

Ich habe bereits deutlich auf die Haltung hingewiesen, die das Hauptquartier uns und unserem Feldzug gegenüber von Anfang an eingenommen hatte, aber zu dieser Zeit – im Frühherbst 1920 – war eine Veränderung spürbar. Der Krieg verlief sogar besser als wir erwartet hatten. Unsere Männer trafen im ganzen Süden auf die Briten und schlugen sie. Die Welt sah voller Bewunderung auf unseren Kampf, und trotz Folter, Brandstiftung und Plünderungen stand das Volk uns bei. Es bedeutete den Tod für den Mann, der es wagte, „einem Rebellen Unterschlupf zu gewähren", aber Hunderte von Männern und Frauen boten jede Nacht unseren fliegenden Kolonnen Schutz. Trotz einer anglisierten Presse hatte das Volk erkannt, dass wir Recht hatten, dass ihre Sache auch unsere war, dass Irland niemals Frieden oder Wohlstand haben würde, bis wir die Briten aus Irland vertrieben hätten. In unserer Freude über die Veränderung wurden Sean und ich fast rücksichtslos. Je hitziger die Kämpfe wurden, desto besser und perfekter wurde die IRA als Organisation. Das Hauptquartier erkannte offenbar, dass die einfachen Soldaten ihm zu weit voraus waren, und begann allmählich, eine Art halboffizielle Verantwortung für unser Vorgehen zu übernehmen.

Im Rahmen dieser neuen Politik hatte das Hauptquartier nun tatsächlich eine bestimmte Operation für uns in Dublin geplant, und aus diesem Grund konnten wir nicht so schnell wie geplant nach Tipperary zurückkehren.

Aber die Pläne wurden nie ausgearbeitet und wir trieben uns immer noch in Dublin herum. Immerhin hatten wir etwas, das uns aufmunterte. Ich bekam einen Tipp für ein Rennen – ein „todsicherer Tipp", der bei einem Treffen im Phoenix Park stattfinden sollte. Noch glücklicher war, dass ich jetzt das Geld hatte, das ich im Croke Park gewonnen hatte, und die Informationen nutzen konnte.

Unser gesamter weltlicher Reichtum wurde auf das Pferd gesetzt. Und es hat gewonnen!

Nun zu ein paar Freuden des Lebens, die wir noch genießen konnten. Das Geld, das wir jetzt hatten, bedeutete Reichtum für uns. Natürlich betrachtete ich es nicht als mein persönliches Eigentum – es gehörte unserem kleinen „Sowjet". Was immer wir hatten, wir teilten, und nie gab es mehr echte Kommunisten als uns. Bevor wir nach Tipperary zurückkehren konnten , mussten wir dieses Geld jetzt ausgeben. Jeder Tag konnte unser letzter auf dieser Welt sein. Ein paar Kugeln konnten uns jeden Moment abreisen lassen, ohne unser Testament gemacht zu haben, und der Gedanke, der uns ärgerte, war die Möglichkeit, dass unsere paar Pfund den Black and Tans die Mittel geben könnten, auf unsere Gesundheit zu trinken, wenn wir tot wären.

DINNY LACEY.

Aber wir wussten, dass wir vorsichtiger und vorsichtiger sein mussten als sonst. Das Netz zog sich um uns herum zusammen. Ein Vorfall, der sich zu dieser Zeit in der Nacht des 10. Oktober 1920 ereignete, zeigt die Gefahren, die uns umgaben. Sean Treacy und ich hatten beschlossen, diese Nacht im Haus von Seumas Kirwan, Parnell Street 49, zu verbringen. Wir waren schon oft dort gewesen und hatten dort mehrere Versammlungen abgehalten. Seumas war selbst ein Mann aus Tipperary und überließ uns das uneingeschränkte Recht auf sein Haus. Alle seine Assistenten und Angestellten waren IRA-Männer, und wann immer wir dort übernachteten, waren sie voll bewaffnet.

An diesem Abend waren wir gerade hereingekommen, als uns ein Mann auf den Fersen war und Seumas erzählte, dass „die beiden Männer, die gerade den Laden betreten hatten, von einem Spion beschattet wurden."

Sean und ich rannten sofort auf die Straße und der Schlepper, der neben der Tür stand, rannte um sein Leben, als er uns sah. Er war ein guter Richter.

Wir änderten unsere Pläne und gingen an diesem Abend woanders hin. Von da an wussten wir, dass Kirwans Haus ein beliebtes Ziel sein würde, und ich übernachtete dort bis zur Waffenruhe nie wieder.

Die Art und Weise, wie wir an diesem Abend gewarnt wurden, zeigt, wie loyal die Leute uns gegenüber waren. Es war ganz normal, dass Zeitungsjungen und Orangenverkäufer uns freundlich warnten, wenn sie herumlungernde Schlepper sahen.

Nur wenige Tage zuvor war ich einer Gruppe der Dublin Castle-Mordbande in der Talbot Street von Angesicht zu Angesicht begegnet. Wir erkannten uns gleichzeitig und zogen unsere Waffen. Sie schossen nicht. Ich weiß nicht, warum. Da ich keine Lust hatte, eine ganze Gruppe anzugreifen, es sei denn, ich wurde dazu gezwungen, schoss ich nicht, sondern ging ruhig und unbehelligt davon.

Doch zurück zum Ausgeben unseres Gewinns für das Pferd. Unsere erste kleine Auszeit war ein Kinobesuch im La Scala Theatre, das gerade in der O'Connell Street eröffnet worden war. Das war am Nachmittag des 11. Oktober 1920. Im Theater trafen wir die beiden Misses Fleming aus Drumcondra und mit ihnen Mrs. O'Brien, die Frau von Eamon O'Brien aus Galbally, einem der Männer, die mit uns an der Rettung in Knocklong teilgenommen hatten und der sich jetzt in Amerika befand. Mrs. O'Brien war nicht nur erfreut, sondern auch erstaunt, uns zu treffen. Ich nehme an, es war eine gewisse Überraschung für sie, in einem Kino zwei Männer zu treffen, die alle Truppen und Polizisten in Irland auf Anhieb erschießen sollten. Wir hatten uns inzwischen daran gewöhnt, diese Risiken einzugehen, auch wenn es ziemlich wahrscheinlich war, dass niemand im Publikum an diesem Abend nach Hause kommen würde, ohne an der Tür, auf der Straße oder in der Straßenbahn überfallen und durchsucht zu werden.

Wir verließen zusammen das Kino. Als wir auf die Straße traten, sah ich als ersten Mann einen der Mörderbande, die erst vor wenigen Nächten mit mir in die Straßenbahn gestiegen war. Ich konnte mich nicht irren, denn er war einer der beiden, die in der Straßenbahn zu beiden Seiten von mir saßen. Ich sah ihn zuerst. Er stand auf dem Weg und musterte die Kinobesucher, als sie aus dem Kino kamen, und tat offenbar so, als suche er einen Freund, aber ich vermutete, dass er nach mir suchte. Es ist durchaus möglich, obwohl ich es nicht für wahrscheinlich halte, dass entweder er oder ein Schlepper Sean und mich gesehen hatte.

Einen Moment lang war ich versucht, meine Waffe zu ziehen und ihn auf der Stelle zu erschießen. Aber ich stand zwischen zwei der Mädchen und wollte sie nicht erschrecken. Außerdem könnte das Gegenfeuer die Mädchen in Gefahr bringen, wenn er einen Komplizen in der Nähe hatte. Wir fünf gingen zum Nelson Pillar, um eine Straßenbahn zu Flemings Haus in Drumcondra zu nehmen, und da der Pillar weniger als hundert Meter vom Theater entfernt ist , fühlte ich mich sicher genug, um weiterzugehen. Ich sagte den anderen nichts und sah den Castle-Mann auch kein zweites Mal an. Ich wusste, dass er mich auch gesehen haben musste, und ich war ziemlich sicher, dass er uns in der Menge folgte.

Gerade als wir uns der Straßenbahn näherten , trat ich zurück, damit die anderen ein paar Meter vor mir waren. Dabei flüsterte Kitty Fleming: „Da folgt mir ein Freund." Offenbar hatte sie ihn auch gesehen. Die Mädchen waren damals gut darin geschult, ihre Augen zu benutzen.

Sean und die drei Mädchen stiegen in die Straßenbahn. Ich war ihnen auf den Fersen. Als ich auf das Trittbrett stieg, drehte ich mich abrupt um und sah meinem Feind ins Gesicht. Er las die Botschaft in meinen Augen. Hätte er versucht, in die Straßenbahn einzusteigen, hätte ich ihn auf der Stelle durchlöchert. Aber er bemerkte meinen Schritt schnell, schlich leise aus der Straßenbahn und verlor sich in der Menge, als unser Wagen nach Drumcondra fuhr.

Bei Fleming besprachen wir den Vorfall bei einer Tasse Kaffee. Manchmal bedauerte ich es ein wenig, dass ich ihn mit dem Leben davonkommen ließ. Hätte ich damals, als ich auf dem Trittbrett stand, so viel gewusst wie jetzt, wären die Streitkräfte der Krone an diesem Abend um einen Mann weniger gewesen; denn wie die Fortsetzung zeigen wird, muss dieser Mann oder einer seiner Schlepper die nächste Straßenbahn nach Drumcondra bestiegen haben und uns in dieser Nacht erneut auf die Spur gekommen sein.

KAPITEL XXI.
DER DRUMCONDRA-KAMPF.

An diesem Abend verließen wir Fleming's gegen 11 Uhr. Für den Fall, dass wir beim Betreten gesehen worden waren und weiterhin beschattet wurden, verließen wir das Haus durch die Hintertür. Es war eine helle Mondnacht. Von der Hinterseite des Hauses gelangten wir zur Botanic Avenue. Dort überlegten Sean und ich ein paar Minuten, ob wir zu unserer Freundin Mrs. Fitzgerald in der Hollybank Road gehen oder weiter zu Professor Carolan gehen sollten. Wir bogen nach rechts ab und kamen zur Brücke über die Tolka. Ausgangssperre war um 12 Uhr und die Straßen waren bereits verlassen. Als wir einen Moment auf der Brücke standen, um uns umzuschauen und zu lauschen, hörten wir in der Ferne das Rumpeln von Militärlastwagen, die sich auf ihre Ausgangssperre vorbereiteten.

Von der Brücke bis Carolan's sind es etwa sieben Minuten zu Fuß. Es ist die Hauptstraße nach Belfast und ein wohlhabendes Wohnviertel. Auf der linken Seite befindet sich das große Training College for National Teachers und auf der rechten Seite, etwas abseits der Straße, eine weitere bekannte Institution – das All Hallows Ecclesiastical College.

Wir besaßen einen Hausschlüssel für Professor Carolans Haus „Fernside". Es war einer der vielen Hausschlüssel, die wir damals hatten. Wir hatten sie alle von Freunden bekommen, in deren Häusern wir jederzeit willkommen waren, wenn wir sie besuchen wollten.

Ich hatte bereits einige Nächte in „Fernside" verbracht, nachdem ich von Peter Fleming der Familie vorgestellt worden war. Ich erinnere mich noch gut daran, wie herzlich ich damals von der Familie empfangen wurde und wie aufmerksam mir Mr. Carolan persönlich das ganze Haus und insbesondere den Hintergarten zeigte. Er zeigte mir eine niedrige Mauer als beste Fluchtmöglichkeit im Falle eines Überfalls. „Ich glaube nicht, dass Sie sie brauchen werden", sagte er, „aber es schadet nicht, wenn man sich auskennt." Er war ein freundlicher, liebenswerter Mann, dessen klare, ernste Augen einem Vertrauen einflößten.

Das Haus ist eins von der Art, wie man sie in den bürgerlichen Vororten Dublins recht häufig findet. Es ist ein zweistöckiges Backsteingebäude mit acht oder neun Wohnungen. Vorne ist ein kleines Grundstück zur Straße hin, und links, wenn man hereinkommt, ist eine Seitentür für Handwerker, die nach hinten führt. Über diese Tür könnte ein fleißiger Mann leicht in den Hof klettern.

Auf der Rückseite befindet sich ein langer Garten, der durch eine etwa sieben Fuß hohe Mauer vom angrenzenden Garten getrennt ist. Dicht am Haus und fast unter dem Fenster befand sich ein Wintergarten.

Jedes Mal, wenn wir Mr. Carolans Gastfreundschaft in Anspruch genommen hatten, waren wir vor 23 Uhr abends im Haus angekommen. Diesmal kamen wir erst gegen 23.30 Uhr an, und da es kein Licht zu sehen gab, schlossen wir, dass die Familie sich zurückgezogen hatte, und betraten das Haus so geräuschlos wie möglich und begaben uns in das Schlafzimmer, das für uns im zweiten Stock auf der Rückseite mit Blick auf den Wintergarten reserviert war. Natürlich war sich kein Familienmitglied unserer Anwesenheit im Haus in dieser Nacht bewusst.

Wir gingen fast gleichzeitig ins Bett und schliefen beide zusammen. Wir fühlten uns noch nicht sehr schläfrig und plauderten eine Weile über unsere Pläne für die Zukunft und unsere Rückkehr nach Tipperary. Dann kam unser Gespräch ins Stocken. In meinem Kopf kam eine seltsame Vorahnung. Vielleicht waren es die Nachwirkungen meiner letzten Abenteuer mit der Mörderbande. Ich versuchte zu schlafen, aber diesmal wollte ich nicht einschlafen. Auch Sean war noch wach, obwohl er nicht zum Reden aufgelegt war.

Ich war fast geneigt, ihm von dem seltsamen Gefühl zu erzählen, das mich überkommen hatte, aber er war selbst der Erste, der sprach:

„Dan", sagte er, „merkst du, dass dich irgendein komisches Gefühl überkommt? Ich kann nicht schlafen. Und du?"

Tatsächlich hatte er genau die Fragen gestellt, die ich stellen wollte. Ich sagte ihm das und wir lachten beide.

„Vielleicht wird heute Nacht ein Überfall stattfinden, Sean", sagte ich halb im Scherz. „Ich frage mich, ob die Gefahr besteht, dass wir heute Nacht auf dem Weg hierher beschattet werden? Wenn wir hier umzingelt wären, hätten wir kaum eine Chance zu entkommen."

Sean antwortete eine Minute lang nicht. „Irgendwie hätte ich nichts dagegen, wenn wir jetzt getötet würden, Dan", sagte er. „Der Krieg wird weitergehen, egal was passiert, und wenn wir getötet werden, hoffe ich, dass wir gemeinsam sterben werden."

Noch ein Moment der Stille und wir dösten beide ein.

Plötzlich setzten wir uns im Bett auf. Draußen auf der Straße war das schwere Trampeln marschierender Männer zu hören. Im Hintergrund flüsterten Stimmen. Durch unser Fenster drang der Schein eines grellen

Suchscheinwerfers. Es war etwa 1 Uhr morgens. Wir waren über eine Stunde im Haus gewesen.

Vorne klirrte Glas. Eine Tür öffnete sich. Von der Treppe her ertönte das Geräusch eiliger Schritte.

Wir sprangen zusammen aus dem Bett. Gleichzeitig umklammerten unsere Hände unsere Revolver. Ich nahm in jede Hand eine Waffe. Eine Hand tastete draußen an unserer Tür herum. Ich sprach kein Wort. Sean drückte meinen Arm und flüsterte: „Auf Wiedersehen, Dan, wir treffen uns oben."

Knall! Knall! Zwei Kugeln zischten durch die Tür. Knall! Knall! Meine deutsche Mauser-Pistole antwortete.

Außer dem Blitzlicht der Schüsse war kein Licht zu sehen. Draußen auf dem Treppenabsatz rief eine englische Stimme: „Wo ist Ryan? Wo ist Ryan?"

Seiten flogen jetzt Kugeln , unsere Tür stand einen Spalt offen. Ich stürmte auf den Treppenabsatz zu. Aus meinem rechten Daumen, wo mich eine Kugel getroffen hatte, floss reichlich Blut, aber ich spürte keinen Schmerz. Draußen hörte ich einen dumpfen Schlag, als ob ein Mann auf den Teppich gefallen wäre. Plötzlich wurde mir klar, dass Seans Gewehr nicht losgegangen war. Während mein Mauser immer noch über den Treppenabsatz und die Treppe strich, rief ich Sean zu, er solle zum Fenster zurückgehen. Er trat zurück, gerade als sich eine weitere Kugel von draußen im Kleiderschrank verfing. Das Feuer von der Treppe hatte für einen Moment aufgehört. Es war ein hastiges Gedränge von Schritten zu hören, die sich in Richtung Flur bewegten. Von hinten hörte ich Gewehrschüsse.

Ich rannte aus dem Zimmer auf den Treppenabsatz und sah ein halbes Dutzend Soldaten, die erneut versuchten, die Treppe heraufzukommen. Ihre Taschenlampen machten mich zu einem fast sicheren Ziel ihrer Kugeln. Meine Pistole feuerte eine Kugel nach der anderen auf diese khakifarbene Gruppe ab. Ich wusste jetzt, dass das Haus umstellt war und dass ich kaum noch Hoffnung auf Flucht hatte. Aber die Wut des Kampfes hatte von mir Besitz ergriffen. Ich würde getötet werden; aber ich würde mein Leben teuer verkaufen.

Als ich auf die Soldaten feuerte, eilte man in aller Eile, um sich in Sicherheit zu bringen. Sie hatten inzwischen den obersten Treppenabsatz verlassen, und ich verfolgte sie die Treppe hinunter. Als ich das erste Stockwerk erreichte , waren sie alle verschwunden – einige hatten in den darunterliegenden Räumen Schutz gesucht, andere waren Hals über Kopf auf die Straße geflohen. Es gab kein anderes Ziel für meine Kugeln, aber ab und zu hörte ich den scharfen Knall eines Gewehrs von hinten, vermischt mit gelegentlichem Stöhnen und Schreien.

Ich eilte zurück in mein Zimmer. An der Tür stolperte ich über zwei tote Offiziere und einen verwundeten Tommy. Ich musste jeden von ihnen aus dem Weg ziehen, bevor ich meine Tür schließen konnte. Ich weiß nicht, wie ich es übersehen konnte, über sie zu stolpern, als ich aus dem Zimmer eilte. In der Hitze des Gefechts sieht man nicht alles.

Als ich wieder in meinem Zimmer war, schlug ich die Tür zu und drehte den Verschluss um. Ich wusste, dass ich keine Zeit zu verlieren hatte; denn mit den Hunderten von Soldaten, die sie offenbar zu dem Angriff mitgebracht hatten, würden sie bestimmt noch einmal angreifen. Ich sprang zum Fenster. Ein Suchscheinwerfer leuchtete kurz auf der Rückseite des Hauses und ein Kugelhagel sauste durch das Glas. Ein paar davon trafen mich, aber ein paar Wunden mehr oder weniger machten nicht viel aus, denn ich war bei dem Gefecht schon mehr als einmal getroffen worden.

Die untere Hälfte des Fensters war bereits geöffnet. Sean war auf diesem Weg herausgekommen. Ich trat auf das Fensterbrett und ließ mich in das Dach des Wintergartens fallen. Im klaren Mondlicht konnte ich zahllose Stahlhelme rund um das Haus erkennen. Die Tommies feuerten auf mich. Bevor ich mich aus dem Wintergarten fallen lassen konnte , erkannte ich, dass ich durch sie hindurch musste.

Mit dem Revolver, den ich in meiner linken Hand hielt, schlug ich ein Loch in die Decke des Wintergartens. Dann packte ich einen Balken und schwang mich nach unten, während ich mit meiner deutschen Pistole immer noch nach einem Ziel für den Feind suchte. Sie erfüllte ihre Aufgabe sehr gut, denn innerhalb einer Minute war kein einziger Soldat mehr zu sehen – sie waren verschwunden.

Ich baumelte noch immer am Dach des Glashauses. Als ich den Feind zum Schweigen gebracht hatte , schwang ich mich wieder auf das Dach und sprang dann auf den Boden.

Ich sah mich nach meinem Kameraden um. Von ihm war keine Spur. Ich rief seinen Namen, bekam aber keine Antwort. Ich legte mich flach auf den Boden, um keinem wagemutigen Tommy, der seinen Kopf über die Gartenmauer strecken könnte, eine Angriffsfläche zu bieten. Ich rief weiter nach Sean.

„Sean! Sean! Wo bist du?" Aber es kam keine Antwort. Ich dachte, er könnte beim Durchbrechen des Fensters getroffen worden sein und verwundet im Wintergarten liegen. Jetzt begann ich zu befürchten, er sei ihnen in die Hände gefallen. Dann tröstete ich mich mit dem Gedanken, dass er doch entkommen war, obwohl die Chance gering war. Ich wusste, dass ich fast eine halbe Stunde lang auf dem Treppenabsatz und der Treppe gekämpft hatte, und als ich nicht ins Zimmer zurückkehrte, könnte Sean zu dem

Schluss gekommen sein, dass ich getötet worden war, als er versuchte, seinen Revolver zu fixieren.

Als ich auf dem Boden lag , merkte ich, dass ich immer schwächer wurde. Ich hatte weder Hut, Stiefel noch Mantel an. Ich hatte kaum Zeit, Hose und Mantel anzuziehen. Ich sah, dass ich an fünf oder sechs Stellen verletzt war und von Kopf bis Fuß blutete, aber ich musste mich schnell bewegen. Seltsamerweise hatte ich das Gefühl, dass ich doch noch entkommen würde.

Während ich noch schnell überlegte, welchen Kurs ich einschlagen sollte, ging der Feind wieder zum Angriff über. Mehrere Granaten explodierten um mich herum in der Nähe des Wintergartens. Ich machte einen weiteren Versuch und stand auf, um loszugehen. Ein kleines Stück von mir entfernt sah ich die niedrige Trennmauer, auf die mein Gastgeber bei meinem ersten Besuch so sorgfältig hingewiesen hatte. Jetzt war ich dankbar für seine Voraussicht, als ich auf die Mauer zusteuerte. Ein kleines Stück hinter dem Wintergarten im Garten fand ich die Leichen zweier Soldaten. Da wusste ich, dass Sean dort vorbeigekommen war.

Er könnte entkommen sein, dachte ich, aber es bestand immer noch die Gefahr, dass er weiter unten im Garten erschossen worden war.

Gerade als ich die Mauer erreichte, tauchte draußen der Kopf eines Soldaten auf. Er sah mich, legte sein Gewehr an und rief dabei „Halt! Halt!" Er schoss und verfehlte mich. Ich schoss auch. Als ich über die Mauer sprang, weg von Carolans Garten, stolperte ich über seinen Körper. Ich weiß nicht, ob er tot oder verwundet war.

Eine andere Gruppe Soldaten in meiner Nähe eröffnete das Feuer auf mich, und ich schoss zurück, während ich zur nächsten Mauer rannte. Ich kam hinüber, erkannte aber meine Umgebung nicht. Ich wusste nur, dass ich auf der Straße war. Plötzlich rannte ich direkt in einen Panzerwagen. Mir blieb nichts anderes übrig, als den ersten Schuss abzugeben. Ich traf einen ihrer Männer, bevor die Insassen des Wagens Zeit hatten, zu zielen, und rannte vorbei, während ihre Kugeln Splitter aus der Straße und den Mauern um mich herum schlugen, mich aber kein einziges Mal trafen. Inzwischen hatte ich meine Umgebung erkannt. Ich war auf der Hauptstraße zwischen Carolans Haus und der Drumcondra-Brücke. Es wäre Wahnsinn gewesen, auf der Straße weiterzufahren, denn wenn der Panzerwagen mich nicht verfolgte , würde ich mit ziemlicher Sicherheit auf einen ihrer Außenposten in der Nähe der Brücke stoßen.

Auf meiner rechten Seite, als ich in Richtung Stadt rannte, befand sich die Kalksteinmauer, die das St. Patrick's Training College umgab. Wenn ich sie einmal erklimmen und auf das Collegegelände gelangen konnte, hatte ich gute Chancen zu entkommen. Aber sie war etwa 5,5 Meter hoch. Ich hatte weder Stiefel noch Socken an; ein Zeh an meinem rechten Fuß war gebrochen und verursachte mir schreckliche Schmerzen; ich hatte mindestens fünf Einschusslöcher in meiner Seite, von der Hüfte bis zum Fuß, neben mehreren weniger schweren Wunden. Aber wenn ein Mann um sein Leben kämpft , bekommt er eine Kraft, die er sonst nicht hat. Ich kletterte auf die Mauer. Wie ich das geschafft hatte, fragte ich mich später oft, wenn ich daran vorbeiging. Als ich oben ankam, fühlte ich mich fast glücklich. Meine Hoffnungen wurden stärker, obwohl mein Körper durch die schreckliche Aufregung und den Blutverlust schwächer wurde. Ich rutschte vorsichtig auf der Innenseite hinunter und wandte mich nach Westen, in Richtung Glasnevin oder Finglas. Aber ich war noch immer nur ein paar hundert Meter von „Fernside" entfernt und konnte jeden Moment wieder auf eine Gruppe Soldaten treffen. Ich kroch so geräuschlos wie möglich weiter. Ich glaube, in diesem Stadium war es der Instinkt, der mich leitete. Ich war benommen und der Bewusstlosigkeit so nahe, wie ein Mensch nur sein kann, der noch gehen kann. Ich verlor jedes Gefühl für Zeit und Entfernung.

Endlich fand ich mich am Ufer eines Flusses wieder. Ich wusste, dass es die Tolka sein musste. Ich hatte keinen Ort, an dem ich Schutz suchen konnte. Mein einziges Ziel war, etwas Abstand zwischen mich und meine Verfolger zu bringen. Ich konnte nicht auf die Straße hinausgehen, um eine Brücke zu suchen. Ich musste den Fluss überqueren und dafür gab es nur einen Weg. Glücklicherweise war er nicht tief und als ich durch das kalte, schneidende Wasser watete, konnte ich fühlen, wie es durch mein Bein sickerte, wo einige der Kugeln einen klaren Weg durch mein Fleisch gebahnt hatten. Ich kann nicht sagen, dass ich die Kälte besonders stark gespürt habe. Ich nehme an, es gibt Zeiten, in denen die Natur für niedere Gefühle tot ist.

Als ich die andere Seite des Flusses erreichte , sah ich, dass ich in der Nähe einiger Häuser war. Ich wusste, dass es die Häuser in der Botanic Avenue sein mussten und dass ich mich ganz hinten befand. Ich konnte mich nicht weiter durchkämpfen. Die ganze Zeit strömte Blut aus mir heraus. Meine einzige Hoffnung, wenn ich nicht umfallen und vor Erschöpfung und Kälte sterben wollte, war, auf einem dieser Dächer Schutz zu suchen.

Ich weiß nicht, welcher Instinkt mich dazu trieb, aber ich wählte eine bestimmte Hintertür. Es war, als hätte mir ein Engel zugeflüstert, dass diese Tür und diese mir nur noch Hoffnung bot.

Ich klopfte. Mir war klar, was für einen Anblick ich jetzt, um drei oder vier Uhr morgens, bieten musste, halb bekleidet, zerzaust und blutüberströmt.

Ein zweites Mal klopfte ich. Ein Mann öffnete die Tür. Mein Aussehen war Erklärung genug, aber ich murmelte ein paar Worte, um zu sagen, dass ich Schutz brauchte.

Er fragte mich nicht, wer ich sei oder wie ich meine Wunden bekommen hatte. Er sagte einfach nur: „Kommen Sie herein. Was auch immer wir für Sie tun können, wir werden es tun."

Er und seine Frau nahmen mich auf. Diese rief sofort Schwester Long, die in der Nähe wohnte. Sie verbanden meine Wunden und gaben mir ein Stimulans, das die Schwester von meinen Freunden, den Flamen, besorgte. Dabei geriet sie in Lebensgefahr, da sie in den frühen Morgenstunden zweimal durch die aufgeregte Soldatenkette musste.

Dann erfuhr ich, wer mein barmherziger Samariter war. Es war Mr. Fred Holmes, dessen Sympathien, so glaube ich, auf der anderen Seite lagen.

Aber er und seine Frau kümmerten sich an diesem Morgen mit der Sorgfalt und Aufmerksamkeit um mich, die sie einem Sohn oder Bruder zukommen lassen hätten können. Es war nicht nötig, ihnen zu erzählen, wie ich in diese Notlage geraten war. Trotzdem nahmen sie mich auf und retteten mir das Leben.

Dankbarkeit ist ein schwaches Wort, um meine Gefühle gegenüber dieser Familie auszudrücken. Am Morgen sagte ich ihnen, wer ich war. Sie versicherten mir, dass alles in ihrer Macht Stehende getan würde, um mir zu helfen, wieder gesund zu werden und an einen sicheren Ort zu gelangen, denn ich wusste, dass ich nicht lange in einem Haus bleiben konnte, das keine halbe Meile vom Schauplatz der Schlacht entfernt war.

KAPITEL XXII.
UM ZOLL VERFEHLT.

Früh am Morgen – es war immer noch der 12. Oktober 1920 – überbrachte Mrs. Holmes auf meine Bitte hin eine Nachricht an Phil Shanahan mit einer Nachricht für Dick McKee. Ich wollte so schnell wie möglich abtransportiert werden. Außerdem wollte ich dem Hauptquartier melden, dass Sean Treacy im selben Gefecht getötet worden war.

Antwort wartete, erfuhr ich von den Leuten im Haus, dass in jedem der Häuser auf beiden Seiten ein Black and Tan wohnte, beide Häuser gehörten Mitgliedern der Dubliner Polizei. Sie können sich vorstellen, wie viel Glück ich hatte, als ich mir das Hintertor aussuchte.

Kurze Zeit später hielt ein Auto vor der Tür. Darin saßen Joe Lawless, Maurice Brennan und Tom Kelly. Sie waren von Dick McKee geschickt worden, um mich zum Mater Hospital zu bringen, wo er bereits Vorkehrungen für meine Aufnahme und Behandlung getroffen hatte.

Ich wurde mit einem Anzug ausgestattet und ins Auto gesetzt. Mein größtes Bedauern galt nicht dem Anzug, den ich bei Carolan zurücklassen musste, sondern den Sechspfundnoten und der Uhr, die in den Taschen waren. Wahrscheinlich hatte ein unternehmungslustiger Offizier durch die Entdeckung eine gute Nacht, denn ich muss wohl kaum erwähnen, dass meine Verluste nicht Gegenstand von Entschädigungszahlungen waren, als der Waffenstillstand kam.

Ich wurde die Botanic Road hinauf durch Phibsboro' in Richtung Mater Hospital gefahren. An der Ecke von Phibsboro' winkte uns ein Mann der DMP anzuhalten, als wir uns näherten. Einen Moment lang befürchteten wir, dass etwas nicht stimmte. Aber nach wenigen Augenblicken kam die Erleichterung. Wir wurden lediglich gebeten, langsamer zu fahren, während ein Konvoi von Hilfstruppen vorbeifuhr, die wahrscheinlich einige Häuser in der Gegend für mich überfielen.

Wir setzten unsere Reise fort und als wir uns dem Eingang zum Krankenhaus in der Eccles Street näherten, sah ich Dick McKee – damals selbst ein sehr gesuchter Mann – langsam den Weg entlanggehen. Mit einer leichten Handbewegung bedeutete er uns, am Krankenhaus vorbeizugehen. Ein Stück weiter kam er zu uns herüber und teilte uns mit, dass wir das Krankenhaus für einige Zeit nicht betreten könnten, da zwei DMP-Inspektoren und einige Militär- und Polizisten gerade das Krankenhaus durchsuchten, um nach Verwundeten zu suchen.

„Dan", sagte er und hielt einen Moment lang meine Hand, „Sie haben genau die Männer, nach denen wir die nächsten zwei Jahre hätten suchen müssen."

Unser Auto überquerte die Dorset Street zum Mountjoy Square und fuhr schließlich in einen alten Stall in der Great Charles Street. Es war einer der bekanntesten Abladeplätze, in denen die Dublin Brigade ihre Waffen versteckte, obwohl er kurz darauf vom Feind entdeckt wurde.

Man kann sich leicht vorstellen, wie lebensmüde ich war, als ich in diesen alten Stall fuhr, aber stellen Sie sich meine Freude vor, als ich Sean Treacy dort sah, der mich bereits begrüßte.

Er war ohne einen Kratzer davongekommen. Kurz – denn er hatte nicht mehr viel Zeit – erzählte er mir von seinen Abenteuern. Er war durch die Hintertür sicher entkommen, überzeugt, dass ich tot war. Stundenlang war er fast nackt durch die Gegend gewandert und hatte kaum gewusst, wo er war, bis er im Morgengrauen an eine Tür klopfte , in einem letzten Versuch, Schutz zu finden. Er wusste nicht einmal, in welchem Bezirk er war, bis ihm sein Cousin Phil Ryan aus Finglas die Tür öffnete! Das Schicksal war an diesem Morgen wirklich auf unserer Seite.

In unserer Freude, uns wiederzusehen, vergaßen wir fast die Gefahren, die uns drohten; denn die Straßen Dublins wurden an diesem Tag von Hunderten von Soldaten abgesucht wie nie zuvor. Doch unsere Späher berichteten, dass der Weg zur Mater nun frei sei, da der Feind das Krankenhaus verlassen habe. Die Jungs wollten keine Zeit verlieren, bis ich in erfahrenen Händen war, und wir machten uns sofort auf den Weg zur Mater. Sie brachten mich auf einer Bahre ins Krankenhaus, und als ich auf der Bahre lag, schüttelte ich Sean Treacy die Hand – zum letzten Mal.

An jenem Abend hätte ich nicht gedacht, dass ich meinen treuen Kameraden, der mir lieber war als ein Bruder, nie wieder auf dieser Erde sehen würde. Hätte ich damals gewusst, dass dies unser letztes Treffen auf dieser Welt sein würde, hätte ich kaum Lust gehabt, mit meinen Wunden zu kämpfen. Armer Sean! Der Kamerad meiner Abenteuer, der meine Hoffnungen teilte. Sein Gesicht ist immer vor meinen Augen, und bis zu meiner letzten Stunde wird mich seine Erinnerung gegen Tränen ankämpfen lassen.

Als ich im Krankenhaus ankam, nahm mich der Chirurg Barnaville in seine erfahrenen Hände und ich glaube, dass ich mein Leben und meine schnelle Genesung seiner unermüdlichen Fürsorge und Hingabe verdanke.

Am nächsten Tag erzählte mir ein Freund, der mich besuchte, die ganze Geschichte des Kampfes in Drumcondra, oder zumindest den Teil davon, den ich selbst nicht kannte. Einiges davon hatte er aus der Zeitung erfahren, mehr aus unserer Nachrichtenabteilung.

Es scheint, dass wir trotz unserer Vorsichtsmaßnahmen an diesem Abend von demselben Mann, den wir vor dem Theater gesehen hatten, zu Fleming und später zu Carolan begleitet wurden. Ihr Geheimdienst konnte melden, dass „Breen und ‚Lacey' nach ‚Fernside' gegangen waren." Ich habe seitdem nie herausgefunden, ob Sean Treacy tatsächlich mit Dinny Lacey verwechselt wurde oder ob die Ähnlichkeit der Nachnamen den Spion verwirrt hatte.

Sofort wurde jeder „G"-Mann im Schloss für den Überfall mobilisiert, aber sie weigerten sich rundweg, mitzumachen. Über diese Zurschaustellung von Feigheit und Meuterei waren die feindlichen Chefs empört; aber sie konnten es sich nicht leisten, ihre Schwäche zu verraten, indem sie die Nachricht durchsickern ließen, dass ihre gesamte Kriminalpolizei sich geweigert hatte, an einem Überfall teilzunehmen. Also wurden die Kriminalbeamten nicht für ihre Disziplinlosigkeit bestraft, und um die Meuterei zu vertuschen, wurden die „G"-Männer am selben Morgen zu einem Überfall auf das Geschäft von Mr. JJ Walsh (heute Generalpostmeister des Freistaats) beordert.

Inzwischen hatte man Kontakt zu den Militärchefs aufgenommen und sie über die Lage informiert. Sie fragten, „was für eine Art von Job" das sei, und man sagte ihnen, sie könnten mit „viel Schießereien" rechnen.

Das Militär hatte Männer, die bereit waren, das Risiko einzugehen. Der führende Freiwillige für den Überfall war Major GOS Smyth, gebürtig aus Banbridge und früher Bezirksinspektor im RIC. Dieser Mann hatte in Ägypten gedient, bis er die Nachricht bekam, dass sein Bruder – ebenfalls Major – ein Divisionskommissar des RIC in Cork erschossen worden war. Dieser Kommissar war ein berüchtigter Beamter, der sich an die Polizei in Kerry wandte und ihr befahl, jeden zu erschießen, der im Verdacht stehe, ein Sinn-Fein-Anhänger zu sein, und hinzufügte: „Je mehr, desto besser." Diese kaltblütige Anstiftung zum Mord selbst an gewöhnlichen Zivilisten führte erstens zu einer Meuterei des RIC in Listowel und zweitens innerhalb eines Monats zum Tod von Smyth selbst. Er wurde im County Club im Herzen der Stadt Cork erschossen.

Sein Bruder, der in der britischen Armee in Ägypten gedient hatte, meldete sich sofort freiwillig zum Dienst in Irland, mit der erklärten Absicht, den Tod seines Bruders zu rächen. Er brachte eine ausgewählte Gruppe von Männern mit, die von ähnlichen Motiven inspiriert waren.

Er war der erste, der in dieser Nacht getötet wurde. Mit ihm fiel ein weiterer Offizier, Captain AD White. Ein Korporal wurde ebenfalls verwundet. Diese Verluste gaben die Briten offiziell zu, aber wir wussten, dass ihre Verluste höher waren. Es war damals durchaus üblich, dass die Briten ihre tatsächlichen Verluste verheimlichten.

Was mich jedoch am meisten betrübte, war die Nachricht, dass auch unser treuer Freund, Professor Carolan, tödlich verwundet worden war. Der damals veröffentlichte offizielle Bericht besagte, dass der Professor von der ersten Kugel getroffen wurde, die durch unsere Tür kam. Dies war der Bericht einer geheimen militärischen Untersuchung, die die Erschießung der Offiziere verurteilte, denn man muss bedenken, dass die Briten schon lange zuvor die Durchführung von Leichenbeschauungen verboten hatten. Gewöhnliche Geschworene waren ehrliche Männer und bestanden auf der Wahrheit und würden so die gesamte Mordkampagne der Engländer aufdecken.

Der arme Mr. Carolan überlebte mehrere Wochen. Er war tatsächlich zur selben Zeit wie ich im Mater Hospital, allerdings in einem anderen Teil der Einrichtung. Eine Zeit lang bestand große Hoffnung auf seine Genesung. Während dieser Zeit gab er in Anwesenheit von Zeugen eine Erklärung ab, die in den Dubliner Zeitungen vom 21. und 22. Oktober 1920 veröffentlicht wurde. Dies war die Aussage eines ehrenwerten Mannes und frommen Katholiken auf dem Sterbebett. Wenn ein weiterer Beweis für die Richtigkeit dieser Aussage erforderlich ist, dann die Tatsache, dass die Zeitungen, die sie veröffentlichten, nicht verboten wurden, was innerhalb einer halben Stunde geschehen wäre, wenn der Bericht unzutreffend gewesen wäre.

In dieser Aussage machte Mr. Carolan ganz klar und nachdrücklich klar, dass wir zum Zeitpunkt der Erschießung geflohen waren. Wir seien eine Viertelstunde aus dem Haus gewesen, erklärte er, bevor er mit dem Gesicht zur Wand gestellt und von einem britischen Offizier absichtlich erschossen wurde. Als er den Angreifern die Tür öffnete, fragten sie ihn, wer im Haus sei, und der treue Mann sagte, er glaube, der Name sei Ryan – ein Name, der in diesem Teil des Landes üblich sei und an dem wir an unserem Akzent erkennen könnten, woher wir kamen. Das erklärte die Rufe, die wir hörten: „Wo ist Ryan? Wo ist Ryan?"

Dem armen Mann wurde die ganze Zeit ein Revolver an die Schläfe gedrückt, und als die Briten sahen, dass ihre Anführer getötet wurden, ermordeten sie ihn aus Rache. Großzügig, edel und patriotisch wagte er es, uns Schutz zu bieten, als nur wenige unserer angeblichen Freunde dies getan hätten. Ich werde immer an die Freundlichkeit denken, die er und seine Familie uns gegenüber gezeigt haben, und bedaure aus tiefstem Herzen, dass er einen so traurigen Tod erlitt. Möge er in Frieden ruhen.

Am Abend des 13. Oktober, als ich in die Mater gebracht wurde, wurde das Dorf Finglas, in dem Sean Unterschlupf gefunden hatte und das nur eine Meile von dem Haus entfernt war, in dem ich befreundet war, von Hunderten britischer Soldaten in voller Kriegsausrüstung umzingelt. Offenbar hatten sie entweder Sean in dem Bezirk aufgespürt oder vermutet, dass ich weiter gekommen war, als ich es tatsächlich tat.

Jedes Haus im Dorf und im Bezirk wurde durchsucht, jedoch ohne Erfolg.

Bevor ich mit meiner eigenen Geschichte fortfahre, muss ich noch eine weitere Fortsetzung des Kampfes in Drumcondra erzählen. Am nächsten Tag wurde jedes männliche Mitglied der Familie Fleming verhaftet. Das ist der beste Beweis dafür, dass wir die ganze Nacht über verfolgt wurden. Michael Fleming wurde zu sechs Monaten Gefängnis verurteilt, weil er sich weigerte, Informationen über mich preiszugeben.

Donnerstag, der 14. Oktober 1920, ist ein Datum, das ich nie vergessen werde. Das war mein dritter Tag im Krankenhaus.

Am frühen Nachmittag kam eine der Schwestern in mein Zimmer gerannt. Noch bevor sie sprach, konnte ich lesen, dass sie ernste Neuigkeiten hatte. Ein paar Stunden zuvor hatte ich in der Nachbarschaft Schüsse gehört, aber das, so hatte man mir gesagt, war eine Begegnung an der Ecke von Phibsboro gewesen, wo der Versuch, einen Panzerwagen zu erobern, erfolglos blieb – ein IRA-Mann verlor dabei sein Leben. Das geschah nur 300 Meter von der Stelle entfernt, an der ich lag.

Aber die Schwester hatte noch ernstere Neuigkeiten für mich. Das Krankenhaus war von Truppen und Panzerwagen umstellt und wurde nach mir durchsucht.

Mein Bett stand neben dem Fenster. Ich stützte mich auf meinen Ellbogen und schaute hinaus. Unter mir sah ich die stämmigen Gestalten und die Glengarry-Mützen von einem Dutzend Hilfstruppen, die draußen Wache hielten.

„Diesmal ist alles vorbei, Dan", bemerkte ich bei mir selbst, „und du darfst nicht einmal eine Waffe ziehen!"

Irgendwie hatte ich mich damit abgefunden. Denn die Musik der Schüsse , die ich an diesem Morgen gehört hatte, sagte mir, dass der Kampf weitergehen würde.

Dennoch kann ich nicht sagen, dass ich nicht aufgeregt war. Ab und zu hörte ich die Motoren der Militärwagen dröhnen. Vielleicht würden sie weiterfahren, ohne mich zu finden. Aber sie fuhren nur auf und ab, um die Menschenmassen zurückzuhalten. Als ich hinausschaute, waren die Hilfstruppen immer noch da. Aus den Minuten wurden Stunden. Würde der Überfall jemals enden? Wann würde sich die Tür öffnen und die Suchtrupps in mein Zimmer lassen?

Das Glück war mir wieder einmal hold. Nach zwei Stunden Aufenthalt zogen die Angreifer ab, ohne auch nur in die Nähe meines Teils des Hauses zu kommen.

Als sie weg waren , erfuhr ich den Grund für ihren Angriff. Früh am Morgen war ein junger IRA-Mann namens Furlong bei einer Explosion in der Nähe von Dunboyne, zehn Meilen außerhalb der Stadt, verwundet worden, wo er einige Bomben getestet hatte. Seine Kameraden brachten ihn sofort in einem sterbenden Zustand zur Mater. Die Briten erfuhren davon. Er sah mir nicht unähnlich aus. Der arme Kerl starb während des Angriffs, und ich glaube, einige der Black and Tans dachten, sie hätten Dan Breen zum letzten Mal gesehen.

Dieser Überfall hatte für mich persönlich die traurigste Fortsetzung, die passieren konnte. Im nächsten Kapitel werde ich erzählen, was ich danach erfahren habe.

KAPITEL XXIII.
HINRICHTUNGEN UND REPRISATIONEN.

Während ich im Krankenhaus lag, war mein treuer Kamerad Sean Treacy nie untätig. Seine Hauptsorge während dieser Zeit war, ständig auf meine Sicherheit zu achten. Und an jenem Donnerstagabend, dem 14. Oktober 1920, erfuhr er, dass das Krankenhaus umstellt war.

Ohne einen Moment zu zögern ging er zum Hauptquartier, um einen Rettungstrupp zu suchen, dem er selbst angehören würde. Seine Bitte wurde erfüllt, und innerhalb einer Stunde waren er und andere treue Kameraden damit beschäftigt, ihre Männer zu mobilisieren. In seinem Eifer, eine verzweifelte Aufgabe für meine Sicherheit zu übernehmen, vergaß er sich selbst. Er ging offen durch die Hauptstraßen – und wurde beschattet. Ich kann es nicht mit Sicherheit sagen, aber ich bin fest davon überzeugt, dass der Mann, der ihn verfolgte, derselbe Mann war, der uns drei Tage zuvor nach Drumcondra verfolgt hatte.

Sean hatte die Vorbereitungen für die Rettung fast abgeschlossen, als er zu den „Republican Outfitters" in der Talbot Street ging, wo er noch ein paar letzte Einzelheiten klären musste. Der Laden war ein Textilgeschäft im Besitz von Tom Hunter, TD, und Peadar Clancy. Es war vielleicht das bekannteste Zentrum, in dem sich IRA-Männer von Zeit zu Zeit trafen oder Nachrichten überbrachten, obwohl es so streng bewacht wurde, dass es nie ratsam war, sich dort lange aufzuhalten.

Als Sean in den Laden kam , fand er George und Jack Plunkett vor, die Söhne des Grafen Plunkett, TD, und beide Mitglieder des Stabes des Hauptquartiers. Bei ihnen waren Joe Vyse und Leo Henderson, Offiziere der Dublin Brigade, die eine hastige Besprechung abgehalten hatten.

Peadar Clancy, der in Begleitung einer Freundin den Laden verließ, hatte gerade die 200 Meter entfernte Nelson-Säule erreicht, als er einen Militärangriffstrupp von der O'Connell Street in die Talbot Street stürmen sah und sofort vermutete, dass der Laden überfallen werden würde. Aber er hatte keine Chance, den Jungen Bescheid zu sagen. Das Militär würde weniger als zwei Minuten brauchen, um den Laden zu erreichen. Sean, der in der Nähe der Tür stand, war der Erste, der den Feind kommen sah. Zwei oder drei andere mussten sich nach vorne stellen und ihr Glück versuchen, den Briten zu entkommen.

Die Lastwagen hielten vor der Tür. Einer der Ladenangestellten rannte sofort von der Tür auf die Straße. Ein Soldat sprang aus dem Lastwagen, um ihn abzufangen. Im selben Moment sprang ein Hilfsoffizier des Geheimdienstes, dessen Name als „Christian" angegeben wurde und der in Zivil gekleidet war, aus dem ersten Lastwagen und rief: „Das ist er nicht. Hier ist der Mann, den wir suchen." – und rannte auf Sean Treacy zu, der gerade dabei war, sein Bein über das Fahrrad zu werfen, das er vor der Tür abgestellt hatte.

Sean sah, dass er in die Enge getrieben war und zog seine Waffe. Der Kampf war von Anfang an aussichtslos, aber Sean Treacy kämpfte wie der Mann, der er war, bis er durchlöchert war.

Das gesamte Kontingent britischer Truppen und Hilfstruppen richtete, ohne Rücksicht auf ihren eigenen Kameraden, der mit Sean im Streit lag, ihre Gewehre und Maschinengewehre auf den Mann, den sie fürchteten. Sie töteten Sean und drei Zivilisten, die in die Schusslinie kamen, aber Sean hatte „Christian" gefährlich verwundet, bevor er selbst fiel.

So starb der größte Ire unserer Generation. Er gab sein Leben, um seine Kameraden zu retten. Es war nicht das erste Mal, dass er sich dazu bereit erklärte.

Ich kann ohne Zögern behaupten, dass Sean Treacy nicht nur der edelste Patriot unserer Zeit war, sondern auch das größte militärische Genie unserer Rasse. Das ist eine große Behauptung für einen Mann, der starb, bevor er 28 Jahre alt wurde, und der keinerlei Ausbildung genossen hatte, die wir mit berühmten und angesehenen militärischen Führern verbinden. Die Welt hat inzwischen anerkannt, dass die Taktiken, die die IRA in ihrem Guerillakrieg gegen die Briten anwandte, von Genie der höchsten Art inspiriert waren. Ich behaupte jetzt für meinen toten Kameraden, dass die brillantesten dieser Taktiken, für die andere Anerkennung erhielten, das Produkt von Sean Treacys aktivem Gehirn waren. Er gab die Hinweise, andere entwickelten sie aus. Er starb mit einem Lächeln im Gesicht – der edelste Patriot, der tapferste Mann und der sauberste und ehrenhafteste Soldat, den ich je gekannt habe.

Von dem Kampf in der Talbot Street wusste ich tagelang nichts. Ich bin weder abergläubisch noch phantasievoll, aber so sicher wie ich diese Zeilen schreibe, so sicher bin ich mir, dass ich an jenem Donnerstagnachmittag wusste, dass Sean Treacy tot war. Er stand am Fußende meines Bettes und hatte ein ruhiges Lächeln im Gesicht.

An diesem Abend kam Mick Collins zu mir. Meine erste Frage war: „Wo ist Sean?" Ich war noch zu krank, um die bittere Wahrheit zu erfahren. Mick wandte seinen Blick von mir ab und antwortete: „Er ist auf dem Land."

Erst zehn Tage später erfuhr ich die ganze Geschichte. Von den Ship Street Barracks, wohin die Briten seinen Leichnam gebracht hatten, wurden die sterblichen Überreste von Sean Treacy in seine Heimatstadt Tipperary gebracht, wo sie mit einer Ehrerbietung und Ehrfurcht empfangen wurden, die kein König für sich beanspruchen konnte. Von der Soloheadbeg-Kirche, wo er als Kind im Gebet gekniet hatte, wurde der Leichnam von Tipperarys

Stolz durch die Stadt Kilfeacle gebracht. Nie zuvor war einem toten Mann aus Tipperary eine solche Ehre zuteil geworden. Die Briten schienen ihn im Tod zu fürchten, denn ihre bewaffneten Ghule versuchten, die Beerdigung zu stören. Der Tag wurde in Süd-Tipperary als Tag der allgemeinen Trauer begangen, und der Trauerzug war mehrere Meilen lang. Kaum ein Auge blieb an diesem Tag trocken.

Das Land wird Sean Treacy nicht so schnell vergessen. Sein Grab in Kilfeacle ist zu einer Pilgerstätte geworden, und sein Name wird in der Liste der Soldaten und Patrioten unseres Volkes ganz oben stehen.

Am darauffolgenden Freitagabend wurde ich von Gearoid O'Sullivan und Rory O'Connor aus dem Mater Hospital entlassen. Gearoid O'Sullivan war später Generaladjutant der Freistaatsarmee. Rory O'Connor wurde zusammen mit seinen Kameraden Liam Mellows, Dick Barrett und Joe McKelvey am 8. Dezember 1922 auf Befehl der Freistaatsregierung im Mountjoy-Gefängnis hingerichtet, als Vergeltung für die Erschießung von Sean Hales.

Diese beiden begleiteten mich in einem Auto zum Haus einer Ärztin im Süden der Stadt. Man hatte das Gefühl, dass die Mater kein sicherer Ort mehr für mich war, obwohl ich immer mit Dankbarkeit an die hingebungsvolle Pflege denken werde, die ich von jedem Mitglied des Personals erhielt, insbesondere von Chirurg Barnaville und den Nonnen. Man darf nicht vergessen, dass die Briten zu dieser Zeit den Befehl erlassen hatten, dass jeder Arzt oder jede Krankenschwester, die einen Patienten mit Schusswunden behandelte, den Fall sofort dem Schloss melden sollte. Ziel war es, Männer aufzuspüren, die sich in einer ähnlichen Lage wie ich befanden. Zu ihrer Ehre muss man sagen, dass die Mitglieder der medizinischen Berufsgruppe, ungeachtet ihrer persönlichen politischen Ansichten, es absolut ablehnten, diesen Befehlen Folge zu leisten.

An meinem neuen Ruheort wurde ich wieder sorgfältig gepflegt und meine Wunden begannen rasch zu heilen. Nach einigen Tagen konnte ich jeden Tag für kurze Zeit das Bett verlassen.

Eine Woche nach meiner Ankunft in diesem Haus ereignete sich ein weiterer aufregender Vorfall. Der ganze Block, in dem meine Gastgeberin lebte, war umstellt. Wieder einmal, dachte ich, waren sie hinter mir her. Von meinem Fenster aus sah ich, wie die Truppen ihre Positionen einnahmen. Ich eilte zum Dachfenster – denn Dachfenster hatten sich schon oft als nützlich für mich erwiesen. Gerade als ich das Dachfenster erreichte , sah ich draußen auf dem Dach einen Hilfssoldaten mit einem Gewehr in der Hand.

Diesmal, so kam ich zu dem Schluss, hatte ich keine Chance. Ich würde wie eine Ratte in der Falle gefangen werden. Ich ging wieder zum Vorderfenster.

Draußen war eine Reihe von Khaki- und Stahljacken. Dahinter tummelte sich eine Schar neugieriger Schaulustiger. Einige, nehme ich an, waren voller Angst und Furcht, dass irgendein irischer Soldat in die Falle geraten könnte. Andere waren zweifellos stolz auf die Armee des Empire und hofften, dass sie noch einen kleinen Lorbeer dafür erhalten würde.

Als mein Blick die Reihe der Zuschauer entlangging , sah ich die Gestalt von Mick Collins. Später erfuhr ich, warum er dort war. Er hatte die Truppen in Richtung des Bezirks marschieren sehen, in dem ich gepflegt wurde, und hatte tatsächlich einige der Jungen zusammengesammelt, um für einen Rettungsversuch bereit zu sein.

Ihre Dienste wurden nicht benötigt. Die Soldaten durchsuchten fast jedes Haus in der Gegend, einschließlich des Nachbarhauses, kamen aber nie an den Ort, an dem ich war. Trotzdem war ich Mick dankbar. Wie ich bereits erklärt habe, war er das einzige Mitglied des Hauptquartiers, das uns konsequent zur Seite stand.

Es wurde für ratsam gehalten, mich wieder zu entfernen. Anfang November 1920 wurde ich nach Dun Laoghaire in das Haus von Mrs. Barry gebracht. Miss O'Connor und Miss Mason pflegten mich ständig, während ich dort war, und meine Genesung verlief rasch. Ich war erst drei oder vier Tage dort, als fast jedes Haus in der Straße überfallen wurde, außer das von Mrs. Barry. Offensichtlich waren die britischen Spione auf der Spur, verloren sie aber wieder.

Ich war am „Blutsonntag", dem 21. November, in Dun Laoghaire. An diesem Morgen wurden vierzehn britische Geheimdienstoffiziere in ihren Unterkünften in Dublin von unseren Männern erschossen. Diese Offiziere, die das Leben gewöhnlicher Zivilisten in Privathäusern führten, waren in Wirklichkeit Spione und die Köpfe des britischen Geheimdienstes zu dieser Zeit. In jedem Land zahlen Spione im Krieg die Todesstrafe, und selbst die britischen Minister der damaligen Zeit rechtfertigten all ihre Handlungen damit, dass sie sich „im Krieg mit Irland" befänden. Aber es konnte nicht ein Kriegsrecht für ihre Männer und ein anderes für unsere geben.

Die Operation war eine der erfolgreichsten, die in Dublin durchgeführt wurde. Die IRA erlitt jedoch einige Verluste. Frank Teeling wurde gefangen genommen und zum Tode verurteilt, entkam jedoch aus dem Kilmainham-Gefängnis, bevor das Urteil vollstreckt wurde. Paddy Moran wurde später gefangen genommen und wegen Teilnahme an einer dieser Hinrichtungen vor Gericht gestellt, obwohl er sechs Kilometer vom Tatort entfernt war. Er wurde Anfang 1921 in Mountjoy gehängt. Ich kannte den armen Paddy gut. Ich traf ihn zum ersten Mal im Haus meiner Freundin Mrs. O'Doherty in der Connaught Street in Dublin. Er war ein liebenswerter Charakter und ein treuer Soldat Irlands.

An diesem Tag kam es zu zwei schrecklichen Vergeltungsaktionen für die Hinrichtung der vierzehn Spione.

Am helllichten Tag desselben Nachmittags fuhren Hunderte von Soldaten und Black and Tans nach Croke Park, wo 10.000 Menschen, die noch nicht einmal von der Schießerei am Morgen gehört hatten, einem Fußballspiel zwischen Tipperary und Dublin zusahen.

umringten das Gelände und feuerten ohne Vorwarnung eine Salve nach der anderen auf die Menge ab. Siebzehn Menschen wurden getötet und etwa fünfzig verletzt. Dieses Verbrechen war vielleicht das teuflischste, dessen sich England je schuldig gemacht hatte.

Ein anderer Vorfall des „Blutsonntags" hatte für mich jedoch eine traurigere persönliche Note. Dabei handelte es sich um die Ermordung von Peadar Clancy und Dick McKee. Sie waren kurz zuvor vom Feind gefangen genommen worden und wurden im Dublin Castle als Vergeltung für die Erschießung der Offiziere ermordet. Natürlich erfand Sir Hamar Greenwood oder sein Haupterfinder von Lügen im Castle eine ihrer üblichen Erklärungen, nämlich, sie hätten die Wache angegriffen und versucht zu fliehen. Stellen Sie sich zwei hochintelligente Offiziere vor, die versuchen, eine bewaffnete Wache im Herzen einer Festung anzugreifen, aus der nicht einmal eine Maus entkommen kann! Eine unabhängige medizinische Untersuchung ergab, dass die beiden IRA-Männer den unglaublichsten Folterungen ausgesetzt waren, bevor sie zu Tode gebracht wurden.

Mick Collins und Tom Cullen (später ADC des neuen Generalgouverneurs des Freistaats) arrangierten diese ärztliche Untersuchung und auch die Aufbahrung der beiden Leichen in der Pro-Cathedral. Ich erwähne dies zu ihrer Ehre, denn nur wenige Mitglieder des GHQ-Personals hätten sich in dieser Zeit der Gefahr und Unsicherheit so weit in die Öffentlichkeit gewagt.

Der arme Dick und Peadar! Sie waren zwei unserer tapfersten Offiziere und zwei unserer entschiedensten Unterstützer der intensiven Kriegspolitik. Sie lebten nur fünf Wochen nach Sean und hatten nicht einmal die Chance, wie er im Kampf zu sterben. Ein Freiwilliger aus der Grafschaft Clare namens Conor Clune wurde bei derselben Gelegenheit im Schloss ermordet.

KAPITEL XXIV.
MEINE RÜCKKEHR NACH TIPPERARY.

Von Dun Laoghaire brachte mich Eamonn Fleming in einem Auto über die Berge nach Wicklow. An einem Ort stellte mich Eamonn unter falschem Namen vor, aber der Hausherr lachte herzlich und versicherte ihm, dass er mich als Dan Breen gut kenne, denn er sei Patient im selben Teil des Mater Hospital gewesen, als ich einige Wochen zuvor dort gewesen sei.

Zu dieser Zeit musste ich mich immer schneller von Ort zu Ort bewegen, da England nun Tausende von Truppen ins Land schickte. Die Gefängnisse und Strafkolonien Großbritanniens wurden nach Rekruten für die Black and Tans abgesucht, denen von ihren Häuptlingen versichert wurde, dass sie keine Angst haben müssten, dass ihnen etwas passieren würde, wenn sie sich auf einen Feldzug voller Mord, Plünderung und Brandstiftung einlassen würden. Und sie verstanden den Wink.

Ich verbrachte ein paar Tage im schönen Haus von Bob Barton, TD, im Glen of Wicklow. Später reiste ich noch weiter nach Süden und fand mich schließlich, ein paar Tage vor Weihnachten 1920, wieder in meinem eigenen Brigadegebiet in South Tipperary.

Hier traf ich alle alten Kameraden wieder – Seumas Robinson, Dinny Lacey, Sean Hogan, Sean O'Meara und viele andere. Ich fühlte mich wieder stark, aber auf Anweisung des Arztes durfte ich keine größeren Strecken laufen.

Der Krieg war jetzt auf seinem Höhepunkt. Unsere Kolonnen marschierten am helllichten Tag mit ihren Gewehren auf der Schulter umher und wurden überall von der Bevölkerung willkommen geheißen, deren Vergehen, uns Unterschlupf zu gewähren, mit dem Tod bestraft wurde. Der Feind wagte sich nur noch zu Hunderten aus seinen Festungen in den Städten heraus, begleitet von Dutzenden von Panzerwagen. Der britische Regierungsapparat war völlig zerstört. Britische Gerichte waren verlassen, während die Prozessparteien in Scharen zu den republikanischen Gerichten strömten, um Gerechtigkeit zu erlangen, obwohl für jeden, der vor einem unserer Gerichte angetroffen wurde, eine lange Gefängnisstrafe vorgesehen war. Die Anordnungen der englischen Regierungsbehörden wurden von allen unseren öffentlichen Stellen ignoriert. Kurz gesagt, Englands einziger Anspruch, Irland zu dieser Zeit zu regieren, bestand darin, dass es etwa hunderttausend bewaffnete Kriminelle im Land hatte, die als Soldaten und Polizisten verkleidet waren.

Ich verbrachte eine Weile in der Nähe von Solohead und zog später weiter in Richtung Cahir und Rosegreen. Den größten Teil der restlichen Kriegszeit verbrachte ich in diesem Teil der Grafschaft, in der Nähe von Fethard, Cahir und Rosegreen. Unsere Kolonnen waren nun jeden Tag mit Kämpfen beschäftigt, und etwa zu dieser Zeit setzten wir die Idee um, aufwendige Unterstände als Schlafplätze und zum Verstecken von Waffen anzulegen. Diese unterirdischen Ruhestätten hatten sehr schmale Eingänge, die kaum groß genug waren, um einen menschlichen Körper hineinzulassen.

Im April 1921 waren wir im Distrikt Cahir, als unser Brigade-Geheimdienstoffizier berichtete, dass es zur Gewohnheit geworden sei, dass jeden Mittwochmorgen ein Konvoi britischer Truppen zwischen Clogheen und Cahir vorbeifuhr. Wir beschlossen, diesen Konvoi am 22. April aus dem Hinterhalt anzugreifen. Die Kolonnen erhielten die Anweisung, sich an der für den Angriff ausgewählten Stelle zu mobilisieren. Con Moloney (der während des Bürgerkriegs stellvertretender Stabschef der IRA wurde) und ich kamen am Vorabend in der Gegend an und schlossen uns unseren Kolonnen an. Zu dieser Zeit reisten wir mit dem Auto herum, sodass der Leser die Veränderung nachvollziehen kann, die stattgefunden hatte. 1919, als der Krieg noch nicht begonnen hatte , wagte ich es nicht, in meiner eigenen Grafschaft zu bleiben, und jetzt, 1921, als der Krieg auf seinem Höhepunkt war, konnte ich ein Auto relativ sicher benutzen.

Am 22. standen alle unsere Männer um 5 Uhr morgens auf, um sich auf den Hinterhalt vorzubereiten. Er befand sich etwa auf halbem Weg zwischen Clogheen und Cahir. Als alles bereit war, besichtigten Moloney, Lacey, Hogan und ich die Stellungen.

Die feindliche Truppe sollte gegen 10 Uhr morgens eintreffen, und schon vor dieser Stunde waren unsere Männer mit ihren Gewehren in der Hand in Alarmbereitschaft. Es war fast 11 Uhr, als wir zu befürchten begannen, dass die Soldaten nicht ihrem üblichen Verhalten folgen würden; dennoch blieben wir bis 1 Uhr in Bereitschaft, als Con Moloney und ich beschlossen, zum Brigadehauptquartier zurückzukehren – „ irgendwo in Süd-Tipperary".

Wir hatten die Stellung erst eine halbe Stunde verlassen, als der Konvoi ankam. Unsere Männer forderten den Feind sofort auf, sich zu ergeben, aber dieser antwortete, indem er das Feuer eröffnete. Es folgte ein heftiges Gefecht, in dessen Verlauf ein Soldat getötet und zwei verwundet wurden. Der Rest der Gruppe ergab sich dann der IRA, die sie entwaffnete, ihren Konvoi zerstörte und dann ihre Gefangenen freiließ.

Unsere Männer verloren keine Zeit und zogen sich aus der Stellung zurück, denn die Schüsse waren wahrscheinlich in Clogheen und Cahir zu hören, die beide von starken britischen Garnisonen besetzt waren, die sofort Verstärkung in die Bezirke schicken würden. Die IRA marschierte mit ihrer Beute in Kolonnenformation ab, als ein einzelnes Auto, das an einem Ort namens Curraghclooney um eine Ecke bog, beinahe in die Nachhut hineinfuhr. Das Auto wurde angehalten. Unsere Männer fragten den

Insassen nach seinem Namen und bekamen die Antwort: „Bezirksinspektor Potter vom RIC, Cahir."

Er wurde sofort gefangen genommen und sein Wagen beschlagnahmt. Unsere Kolonnen waren noch nicht viel weiter gekommen, als sie plötzlich in einen Hinterhalt einer starken feindlichen Truppe gerieten. Es kam zu einem heftigen Gefecht, aber obwohl sie drei zu eins in der Unterzahl waren, kämpften sich unsere Jungs nicht nur ohne Verluste durch, sondern nahmen ihren Gefangenen auch mit. Ihr Erfolg war der fähigen Führung von Dinny Lacey und Sean Hogan zu verdanken.

Zu dieser Zeit stand ein IRA-Mann namens Traynor in Dublin unter Todesurteil. Die Briten hatten bereits mehrere unserer Soldaten gehängt, die ihnen in die Hände gefallen waren, aber unsere Seite wehrte sich entschieden gegen Repressalien. An vielen Tagen, an denen IRA-Männer als Kriminelle gehängt wurden , fielen uns britische Soldaten und Polizisten in die Hände, aber sie wurden immer freigelassen, wenn sie ihre Waffen niederlegten. Wenn England das Spiel nicht mitspielte, taten wir es.

Traynors Fall war besonders traurig. Er war der Vater einer hilflosen jungen Familie. Seine Hinrichtung war für den 25. April angesetzt.

Da Potter nun in unserer Gewalt war, beschlossen wir sofort, etwas zu unternehmen, das Traynors Leben retten könnte. Wir schickten sofort einen Sonderkurier nach Dublin mit der Nachricht, er solle das feindliche Hauptquartier überbringen. Darin hieß es, wir seien bereit, unseren Gefangenen gegen Traynor auszutauschen. Andernfalls würden wir Potter hinrichten.

Die Nachricht wurde zwei Tage vor dem für die Hinrichtung angesetzten Zeitpunkt im Dublin Castle abgegeben. Wir bekamen keine Antwort. Ich glaube, die Beamten des Castle ließen das Angebot nie über ihren eigenen geheimen Kreis hinausgehen. Schließlich war Potter in ihren Augen nur einer der einfachen Iren, die sie als Werkzeug benutzt hatten.

Am 26. erhielten wir die Nachricht, dass Traynor am Vortag hingerichtet worden war. Wir hatten das Gefühl, es wäre ein Zeichen von Schwäche, wenn wir unsere Drohung nicht wahr machten. Wir dachten auch, es würde eine gute Wirkung haben, wenn wir in Zukunft ähnliche Angebote machen müssten. Und außerdem war Potter in unseren Augen kein englischer Soldat, sondern ein irischer Verräter.

Wir teilten ihm mit, dass er hingerichtet werden würde. Wir ermöglichten ihm die Kommunikation mit seiner Frau und seinen Kindern und das Schreiben beliebiger Nachrichten.

Ich habe es in meinem Leben nie mehr bereut, eine so unangenehme Aufgabe ausführen zu müssen. Wir haben die Angelegenheit von allen Seiten besprochen und waren uns einig, dass wir keine Alternative hatten. Potter war ein freundlicher und kultivierter Gentleman und ein tapferer Offizier. Bevor er hingerichtet wurde , gab er uns ein Tagebuch, einen Siegelring und eine goldene Uhr mit der Bitte, sie seiner Frau zurückzugeben. Wir kamen seiner Bitte nach.

Als offizielle Vergeltung für seinen Tod sprengten die britischen Militärbehörden zehn Bauernhäuser in Südtipperary in die Luft. Darunter befand sich auch das von Mrs. Tobin aus Tincurry, wo Sean Treacy, Hogan und ich in der Nacht nach der Soloheadbeg-Affäre Zuflucht gesucht hatten.

KAPITEL XXV.
GEHEIRATET IN DER KAMPFLINIE.

Am 12. Juni 1921, nur einen Monat vor dem Waffenstillstand mit den englischen Streitkräften, heiratete ich unter ebenso seltsamen wie romantischen Umständen.

In einem früheren Kapitel habe ich bereits erzählt, wie ich im September 1919 meine zukünftige Frau Brighid Malone kennenlernte und wie sie und ihre Schwester uns und unserer Sache dienten, als es noch wenige Sympathisanten gab. Vom Tag unseres ersten Besuchs im Haus der Malones an begann unsere Freundschaft und entwickelte sich bald zu einem tieferen Gefühl. Ich wusste, dass ich meine schnelle Genesung von den Wunden, die ich in Ashtown erlitten hatte, Brighids ständiger Fürsorge und Pflege zu verdanken hatte. Während der Monate, die ich nach dieser Begegnung im Haus ihrer Mutter verbrachte, wurde unsere Zuneigung stärker und 1920 verlobten wir uns offiziell.

Nach dem Kampf bei Drumcondra im Oktober 1920 besuchte mich Brighid, wann immer es sicher war. Wir beschlossen, zu heiraten, sobald ich wieder völlig genesen war. Ich wusste genau, welche Risiken ich sie für mich eingehen ließ, aber sie zögerte nie, sie einzugehen. Als meine Freundin bekannt zu sein, bedeutete all die kleinliche Tyrannei und Folter, zu der die Briten fähig waren. Was würde es dann für das Mädchen bedeuten, dem das schreckliche Verbrechen vorgeworfen werden konnte, dass sie meine Verlobte oder meine Frau war?

Ich wusste, dass Spione ihr auf Schritt und Tritt folgen würden, dass ihr Haus Tag und Nacht durchsucht würde und dass sie selbst beleidigt und vielleicht gefoltert würde, um Informationen zu erhalten. Aber sie zuckte nie zusammen. Sie war bereit, ihre Chance zu ergreifen, und ich für meinen Teil war der Meinung, dass ich immer noch ein ebenso guter Soldat Irlands sein könnte.

Anfang 1921 einigten wir uns darauf, dass die Hochzeit im Juni stattfinden sollte. Brighid hatte zu dieser Zeit Urlaub, und daher würde ihre Reise aufs Land, falls sie bemerkt würde, vielleicht nicht so viel Verdacht erregen.

Ende Mai hatten wir alle Vorbereitungen abgeschlossen. Eine Zeremonie in einer Kirche kam nicht in Frage. Kirchen wurden ständig gestürmt und durchsucht, und selbst Sakrileg war den Hilfskräften egal. Außerdem weckt eine Trauungszeremonie in einer örtlichen Kirche die Neugier der Nachbarschaft.

Wir beschlossen, die Hochzeit bei Michael Purcell in Glenagat House abzuhalten. Glenagat liegt sechs Meilen von Clonmel und vier Meilen von den Städten Cahir, Cashel und Fethard entfernt. Alle diese Städte wurden von starken feindlichen Streitkräften besetzt, die Tag und Nacht schwere Truppenkolonnen aussandten, um das Gebiet nach unseren Einheiten abzusuchen. Unser gewählter Ort befand sich daher mitten im Feind.

Die Purcells waren eine großartige Familie und taten alles in ihrer Macht Stehende, um bei der Abwicklung der Vorbereitungen zu helfen. Sie hatten sich schon lange für die Sache des Landes eingesetzt, und sowohl Mr. Purcell als auch seine Frau hatten während des „Landkriegs" der letzten Generation eine Gefängniszelle von innen gesehen. Sie waren rücksichtslos von ihrem Gehöft vertrieben worden, hatten aber inzwischen ihre Farm zurückerobert.

Der Kampf war jetzt heftiger als je zuvor. Auf beiden Seiten gab es täglich schwere Verluste, und die Verbrechen der Black and Tans wurden von Tag zu Tag teuflischer und abscheulicher.

Brighid kam am Sonntag vor der Hochzeit im Bezirk an. Wir hatten uns seit sieben Monaten nicht mehr gesehen, sodass unser Wiedersehen nicht nur romantisch, sondern auch entzückend war. Es ist nicht leicht, das Risiko zu ermessen, das sie eingegangen war.

In der Zwischenzeit hatte ich vom Brigadehauptquartier aus eine Nachricht an alle unsere Kolonnen geschickt und sie über das bevorstehende Ereignis informiert. Am frühen Morgen des 12. Juni trafen alle unsere Kolonnen in Glenagat zusammen, fällten Bäume auf den Straßen und postierten bewaffnete Wachen an allen Zugängen. Glenagat war an diesem Tag so uneinnehmbar, wie es die South Tipperary Brigade nur machen konnte, und wenn die britischen Streitkräfte versuchten, das Gebiet zu erreichen , würden sie einen Empfang erhalten, wie sie ihn noch nie erlebt hatten. Nie waren unsere Männer so eifrig, so entschlossen oder so aufgeregt. In der Nacht zuvor schliefen Sean Hogan, Dinny Lacey, Mick Sheehan, Con Moloney, Sean Fitzpatrick und mehrere andere Offiziere mit mir in einem Zelt in der Nähe. Ich denke, ich hätte sagen sollen, sie verbrachten die Nacht, denn wir schliefen sehr wenig, sehr zu meinem Bedauern. Die Jungs bestanden darauf, die ganze Nacht zu reden und mir alle Ratschläge zu geben, die Junggesellen normalerweise jemandem geben, der ein Benedikt werden will. Wenn ich jemals das Ziel schnellen und anhaltenden Beschusses war, dann in dieser Nacht – glücklicherweise war der Beschuss jedoch nicht gefährlicher Art.

Früh am Morgen kamen wir im Glenagat House an. Pater Murphy aus New Inn, Cashel, der die Zeremonie durchführen sollte, war bereits eingetroffen, und auch Brighid war da. Pater Murphy hielt im Haus die Messe, und sowohl Brighid als auch ich empfingen die heilige Kommunion. Sean Hogan war mein „Trauzeuge" und Miss Annie Malone war Brautjungfer.

Als die Zeremonie vorbei war , setzten wir uns zum Frühstück, und es war eine richtig fröhliche Party. Pater Ferdinand O'Leary, Sean Cooney und Miss Cooney trafen gerade ein, als das Frühstück begann.

Bei Jack Luby in Milltown House hatten wir eine echte Landhochzeit. Den ganzen Abend und die ganze Nacht tanzten und sangen die Jungen und Mädchen der Nachbarschaft und hatten Spaß, als ob es keinen Krieg gäbe. Unsere Außenposten waren die ganze Zeit in Alarmbereitschaft, obwohl jede Gruppe von Zeit zu Zeit abgelöst wurde, um ihren Teil an der Fröhlichkeit zu haben. Und selbst wenn die Jungen tanzten und lachten, waren ihre Waffen im Bedarfsfall immer zur Hand. Wir hatten uns an den Krieg gewöhnt. Kein Terrorismus könnte jemals den Geist der Menschen töten.

Vom Bezirk Glenagat fuhren wir nach Donohill, zurück in meine Heimatgemeinde neben Soloheadbeg. Larry Power, der Kapitän meiner alten Kompanie, sah, dass wir nichts zu befürchten hatten, und ich wusste, dass ich meinen alten Kameraden bis zum Tod vertrauen konnte.

Hier verbrachten wir unsere Flitterwochen und zogen von einem Freund zum nächsten, denn alle wollten uns unbedingt bewirten. John Quirke, Paddy O'Dwyer, James Ryan und Jack O'Brien aus Ballinvassa waren abwechselnd unsere Gastgeber und scheuten keine Mühen, um uns glücklich und sicher zu machen.

Es war wirklich eine seltsame Hochzeit und eine seltsame Hochzeitsreise. Keine Hochzeitsmärsche, gekreuzte Schwerter, Konfetti oder Reis oder Reisen auf den Kontinent, sondern die Liebe und Begrüßung durch vertraute Freunde mit großzügigen, warmen Herzen. Und ich glaube nicht, dass meine Frau oder ich es anders haben wollten, wenn wir noch einmal die Wahl hätten.

KAPITEL XXVI.
DER WAFFENSTILLSTAND.

Anfang Juni 1921 erfuhr ich, dass es Bestrebungen gab, einen Kompromiss mit England herbeizuführen . Es überraschte mich nicht, zu hören, dass ab dem 11. Juli 1921 ein Waffenstillstand vereinbart worden war.

In vielerlei Hinsicht waren wir über die Ruhepause erfreut, obwohl wir nie gedacht hätten, dass sie so enden würde. Seit einiger Zeit herrschte in unserer Gegend ein Munitionsmangel, und kurz vor dem Waffenstillstand hatten wir einige unserer Männer auf den Kontinent geschickt, in der Hoffnung, eine Fracht auszuhandeln, mit der die Blockade durchbrochen werden könnte. Zum Zeitpunkt des Waffenstillstands war ich Quartiermeister der Zweiten Süddivision der IRA, aber ich trat aus Gründen zurück, die ich hier nicht nennen möchte. Ungefähr zur Zeit des Waffenstillstands wurden unsere Brigaden in ganz Irland in Divisionen zusammengefasst.

Es war wie ein neues Leben für uns, als wir von den Kolonnen in die Städte zurückkehrten. Überall wurden wir als Helden begrüßt und gefeiert, sogar von den Leuten, die uns zwei Jahre zuvor noch als Mörder und Attentäter bezeichnet hatten. Aber die ganze Zeit über fehlte uns noch Geld. Während der Monate des Waffenstillstands ging ich fast jeden Tag zu Pferderennen und schloss in der Rennsportgemeinde zahlreiche Freundschaften, deren Informationen – insbesondere die der Besitzer – es Hogan und mir ermöglichten, einige sehr gewinnbringende Investitionen zu tätigen. Das war die einzige Möglichkeit, an Geld zu kommen, denn die IRA war immer noch eine unbezahlte Freiwilligenarmee.

In Tipperary und Dublin besuchte ich alle meine alten Freunde und wurde überall willkommen geheißen. Im August beschloss ich, mit dem Rennsport aufzuhören. Zu dieser Zeit widmete die IRA den nördlichen Gebieten besondere Aufmerksamkeit und bemühte sich, die dortigen Einheiten auszurüsten und auszubilden, damit sie bei erneutem Kampf eine aktivere Rolle spielen und den Druck aus den südlichen Grafschaften etwas verringern konnten. Ich wollte unbedingt bei dieser Arbeit mithelfen und ging in den Norden, wo ich Charlie Daly traf, der während des Bürgerkriegs vom Freistaat hingerichtet wurde. Daly, der aus Kerry stammte, war einer der besten und fähigsten Soldaten, die ich je getroffen habe. Ich verbrachte fünf Wochen mit Charlie und schulte die Jungs aus dem Norden im Umgang mit Gewehren und Bomben. Es war harte Arbeit für uns alle, aber ich genoss es, da ich auf unseren langen Spaziergängen und Vergnügungsfahrten viel von Ulster sah. Um es noch spannender zu machen, fuhren wir ein paar Mal nach Belfast selbst.

Ich kehrte etwa Ende September nach Dublin zurück. Während ich in der Hauptstadt war, schenkten mir die Dublin Guards eine goldene Uhr samt Kette, und Paddy Daly und andere, die später Oberbefehlshaber der Freistaatsarmee wurden, sagten sehr nette Dinge über mich. Hier muss ich anmerken, dass die Uhr, die ich bei dieser Gelegenheit erhielt, zehn oder elf Monate später von den Freistaatstruppen, die in die Stadt einmarschierten, aus meinem Haus in Carrick-on-Suir geplündert wurde.

Ich blieb bis wenige Tage vor der Unterzeichnung des Vertrags in Dublin. Dann erfuhr ich, dass ein Kompromiss geschlossen wurde, und ging noch einmal in den Süden. Ich war überzeugt, dass das Dáil die Armee nicht verraten würde, wenn wir zeigen könnten, dass die Armee fest zu dem steht, wofür sie gekämpft hat. Die Soldaten, so dachte ich, würden die Politiker auf dem rechten Weg halten. Ich konnte nicht glauben, dass das Dáil die Verantwortung für einen Kompromiss übernehmen würde, wenn es nie die Verantwortung für den Anglo-Irischen Krieg übernommen hatte. Darin lag ich leider falsch. Ausgerechnet die Männer, die die wenigen, die den Krieg begonnen hatten, am heftigsten bekämpft hatten, waren jetzt die stärksten Befürworter des Vertrags.

Ich kam am 7. Dezember nach Dublin, dem Tag, an dem die Bedingungen des Vertrags veröffentlicht wurden, und traf dort Liam Lynch, Sean Hogan und mehrere IRA-Offiziere. Ich drängte Liam Lynch, der damals das Kommando über die 1. Süddivision innehatte, den Waffenstillstand sofort zu beenden und den Krieg wiederaufzunehmen. Auf diese Weise hätten wir die Armee vereint halten können, wenn der gemeinsame Feind wieder gegen irgendeinen Teil von uns vorgegangen wäre. Niemand war für meinen Plan. Manche hegten die vergebliche Hoffnung, dass der Vertrag, selbst wenn er vom Dáil angenommen würde , von den Menschen an den Wahlurnen abgelehnt würde. Ich lachte über diese Hoffnung, denn ich wusste, dass in jedem Land, das des Krieges überdrüssig ist, die Massen der Bevölkerung immer einen Kompromiss akzeptieren würden.

Entmutigt über das Scheitern meiner Bemühungen, die Jungs erneut gegen den Feind zu vereinen, beschloss ich, Irland zu verlassen. Ich wollte nach Indien gehen und dort dem alten Feind einen Schlag versetzen und denen helfen, die denselben Kampf kämpften wie wir in Irland. Aber als Sean Hogan und ich Kontakt zu indischen Führern in London aufnahmen, fragten sie, wie man den Iren vertrauen könne, für Indien zu kämpfen, wenn sie ihr eigenes Land verlassen hätten?

In meiner Verzweiflung beschloss ich, nach Amerika zu gehen. Mitte Dezember fungierte ich als „Trauzeuge" für Seumas Robinson, als er in Dublin heiratete. Am Abend desselben Tages reiste ich nach London ab.

Als ich Dun Laoghaire verließ, war ich innerlich völlig gebrochen. Ich hatte gesehen, wie all unsere Bemühungen vergebens waren, und die Männer, denen wir vertrauten, hatten der Welt erzählt, dass die Freiheit, für die wir kämpften, die Freiheit war, unser Land in zwei Teile zerteilen zu lassen, und die Freiheit, einem fremden König einen Treueeid zu schwören.

JJ HOGAN. VATER DAN KELLY. DAN BREEN.

Bevor ich Dublin verließ , hatte ich mehrere IRA-Offiziere gebeten, mich bei der Wiederaufnahme des Krieges zu unterstützen, aber sie wollten meine Ansichten nicht akzeptieren. Hätten sie zugestimmt, hätte ich Irland nie verlassen, und ich warnte sie, dass sie innerhalb von zwölf Monaten einen Bürgerkrieg führen würden.

Am 19. Dezember, bevor ich Irland verließ, richtete ich einen offenen Brief an Commandant Sean McKeon, TD. In diesem Brief machte ich meine Haltung zum Vertrag vollkommen klar. Dies waren meine genauen Worte:

An Dail erklärt haben sollen , dass dieser Vertrag die Freiheit bringt, die notwendig ist und für die wir alle bereit sind zu sterben. Sie sollen auch zuvor erklärt haben, dass dieser Vertrag Ihnen das gibt, wofür Sie und Ihre Kameraden gekämpft haben.

„Als einer Ihrer Kameraden sage ich, dass ich niemals eine Waffe in die Hand genommen oder einen Schuss abgefeuert hätte, noch hätte ich einen meiner Kameraden, ob lebend oder tot, gebeten, die Hand zu heben, um diesen Vertrag zu erhalten.

„Ich möchte Sie daran erinnern, dass heute der zweite Todestag von Martin Savage ist. Glauben Sie, dass er sein Leben geopfert hat, als er versuchte, einen britischen Generalgouverneur zu töten, um Platz für einen anderen britischen Generalgouverneur zu schaffen?

„Ich stehe auf keiner Parteiseite, stehe aber zu unserem alten Prinzip der vollständigen Trennung und völligen Unabhängigkeit."

In London traf ich Sean Hogan, der vor mir eingereist war. Es war das erste Mal, dass ich mein eigenes Land verließ, und für eine Weile halfen mir die Neuheit des Lebens in London und meine seltsame Umgebung, meine Gedanken von der großen Tragödie Irlands abzulenken. Wir blieben etwa zwei Wochen in London. Während meines Aufenthalts lernte ich Herrn PL Smyth kennen, den bekannten Dubliner Kommissionsagenten, und er erwies sich als freundlicher Freund für uns.

Unser nächstes Problem war, wie wir nach Amerika kommen sollten. Wir beschlossen, die Überfahrt von Kanada aus zu versuchen, mussten jedoch zwei große Hindernisse überwinden.

Erstens hatten wir sehr wenig Geld und zweitens hatten wir keine Pässe. Wie wir das Passproblem überwunden haben, kann ich hier nicht erklären.

Wie dem auch sei, nach einer dreiwöchigen Reise landeten wir sicher in Kanada. Von Kanada aus gelangten wir erfolgreich in die Vereinigten Staaten und machten uns auf den Weg nach Chicago. Hier wurden wir von meinen beiden Brüdern John und Pat und meiner Schwester Mary empfangen, die alle schon seit einigen Jahren in den Vereinigten Staaten lebten. Ich stellte bald fest, dass wir uns in dieser weit entfernten Stadt fast wie zu Hause fühlten. Überall trafen wir Landsleute. Einer der ersten, den wir trafen, war Ned O'Brien aus Galbally, dessen Gesundheit aufgrund der Verletzungen, die er bei der Rettungsaktion in Knocklong erlitten hatte, angeschlagen war.

Zu unseren weiteren Freunden zählten Mrs. McWhorter, eine große Kämpferin für die irische Sache, Michael Mulryan, Jim Delaney und Colonel O'Reilly. Sie alle trugen dazu bei, dass es für uns ein richtiger Urlaub wurde, indem sie uns alles Bemerkenswerte in dieser großartigen Stadt zeigten. Vor allem staunte ich über die großen Fleischpökelfabriken, von denen die meisten Iren gehören und von ihnen betrieben werden.

Wir fuhren von Chicago nach Philadelphia, wo uns wieder eine Schar von Freunden begrüßte. Joe McGarrity, der langjährige Arbeiter für Irland, war einer der ersten, der uns willkommen hieß, und wir verbrachten eine Weile in seinem Haus, in dem so viele vor uns – Sean McDermott, Padraig Pearse, Roger Casement und Eamon de Valera – geehrt und bewirtet worden waren. Auch Luke Dillon hieß uns willkommen, ebenso wie unsere alten Freunde Seumas O'Doherty und Mrs. O'Doherty, die wir aus den alten Tagen in Dublin kannten. Die Freundlichkeit der Familie O'Doherty uns gegenüber werde ich immer mit Dankbarkeit in Erinnerung behalten.

Von Philadelphia reisten wir nach Kalifornien. Dort traf ich wieder viele irische Freunde, darunter Pater Peter Scanlon, Pater Dan Kelly Senior und Pater Dan Kelly Junior, alle aus meiner Gegend des Landes. Ich freute mich auch, Mick McDonnell zu treffen, unseren alten Kameraden aus dem Kampf in Ashtown, der schon eine ganze Weile dort war.

Kalifornien ist ein entzückender Ort. Obwohl es mitten im Winter war, als ich dort ankam, war das Wetter wie das Wetter, das wir im Sommer in Irland haben.

In der Zwischenzeit war ich keineswegs unaufmerksam, was die irischen Angelegenheiten anging. Die amerikanischen Zeitungen widmeten der Entwicklung der Ereignisse im eigenen Land nach der Annahme des Vertrags viel Aufmerksamkeit. Es war klar, dass unsere alten Kameraden unwiderruflich gespalten waren und auf einen Bürgerkrieg zusteuerten. Jeder Tag brachte neue Geschichten über neue Meinungsverschiedenheiten und kleinere Konflikte, die zeigten, dass die Situation nur auf eine Weise enden konnte. In Amerika waren unsere Landsleute auf die gleiche Weise gespalten wie unser Volk zu Hause.

Anfang März kam die Nachricht, dass Limerick kurz vor einem Ausbruch stand. Verschiedene Posten in der Stadt wurden von rivalisierenden Teilen der Freiwilligen besetzt – einige unterstützten den Vertrag, andere waren dagegen. Tatsächlich waren zwischen den rivalisierenden Kommandanten Ultimaten ausgetauscht worden, und es sah so aus, als könnte jeden Moment ein einziger Schuss einen Konflikt auslösen, der sich bald über das ganze Land ausbreiten würde.

Ich wohnte bei Pater Dan Kelly Senior in Menlo Park, als mich ein Telegramm aus Irland erreichte, in dem ich aufgefordert wurde, sofort zurückzukehren. Diese Nachricht war das Ergebnis einer Vereinbarung zwischen den rivalisierenden Sektionen in Limerick, die einen Konflikt verhinderte.

Innerhalb von zwei Tagen nach Erhalt dieses Telegramms verließ ich Kalifornien und ging nach Chicago. Dort verbrachte ich wieder ein paar Tage bei meinen Verwandten und Freunden. Von Chicago ging ich nach Philadelphia, wo ich von Joe McGarrity, Luke Dillon und den O'Dohertys die gleiche herzliche Begrüßung erhielt.

Wir hatten beschlossen, dass New York der beste Ausgangspunkt für eine Überfahrt nach Irland wäre, denn natürlich hatten Hogan und ich mit denselben Schwierigkeiten in Bezug auf Geld und Pässe zu kämpfen wie auf unserer Hinreise. Wir hätten problemlos Pässe vom britischen Konsulat bekommen können, wenn wir als britische Staatsbürger darum gebeten hätten, aber wir wären lieber in Amerika verrottet. Während unseres Aufenthalts in New York besuchten wir das Haus der Karmeliterpatres in der 39. Straße und auch die irischen Büros in der 5. Avenue, wo ich Liam Pedlar traf.

Schließlich wurden wir beide mit Hilfe einiger irischer Freunde auf ein Schiff gebracht, das nach Cobh fuhr. Wir arbeiteten als Heizer. Sean und ich machten uns voller Tatendrang an die Arbeit und hatten vier Stunden lang eine Aufgabe erledigt, die für uns neu war. Das Schiff sollte in einer Stunde ablegen, als jemand Hogan gegenüber misstrauisch wurde. Er wurde zu seiner Nationalität und seinen Erfahrungen auf anderen Schiffen befragt und das Ergebnis war, dass er aufgefordert wurde, das Schiff auf der Stelle zu verlassen.

Das war ein schönes Dilemma für mich. Ich sah, dass unsere vier Stunden harter Arbeit und all unsere Bemühungen, die Jobs zu sichern, umsonst waren; aber ich konnte mir nicht vorstellen, Hogan allein in New York zurückzulassen, ohne einen Cent in der Tasche. Ich beschloss, dass ich nicht ohne ihn segeln würde.

Es war jedoch nicht leicht, vom Schiff zu entkommen. Die Mannschaft wurde für die Reise eingeteilt, und der Versuch, an Land zurückzukehren, war ein schweres Vergehen, für das ich in Ketten gelegt werden konnte.

Das Risiko musste eingegangen werden. Ich unternahm einen mutigen Versuch. Ich ging direkt zur Gangway, wurde aber von einem Offizier aufgehalten. Ich erklärte ihm, dass ich an Land wichtige Geschäfte zu erledigen hätte, aber nicht länger als ein paar Minuten aufgehalten würde. Er muss mich für einen einfachen, harmlosen, armen Arbeiter gehalten haben, denn er nahm mein Wort und erlaubte mir, an Land zu gehen. Ich habe ihn und sein Schiff danach nie wieder gesehen.

Der Verlust lag nicht nur auf seiner Seite. Das ganze Geld, das wir in der Nacht vor unserer geplanten Abfahrt hatten, hatten wir in Waffen investiert, und diese befanden sich auf dem Schiff. Es wäre Wahnsinn gewesen, zu versuchen, sie mitzunehmen, also musste ich den Verlust hinnehmen. Mein Kamerad bedeutete mir mehr als Krupps Fabrik.

Wir erlebten noch einige bittere Enttäuschungen, bevor wir wieder auf ein Linienschiff steigen konnten. Schließlich befanden wir uns wieder auf hoher See und segelten nach Cobh.

Anfang April landeten wir in Irland. Ein Freund, dem meine Frau telegrafiert hatte, dass er mich in Cobh treffen solle, überbrachte mir die freudige Nachricht, dass nicht nur meine Frau, sondern auch ein Sohn bei meiner Ankunft in Dublin auf mich warteten.

KAPITEL XXVII.
BEMÜHUNGEN, EINEN BÜRGERKRIEG ZU VERHINDERN.

Als ich in Dublin ankam , stellte ich fest, dass die Lage noch kritischer war, als ich erwartet hatte. Die alte republikanische Armee hatte sich eindeutig in zwei Teile gespalten – einen in die neue Armee des Freistaats und einen in die IRA. Die britischen Truppen hatten die Beggar's Bush Barracks und die Wellington Barracks geräumt und sie den Truppen des Freistaats übergeben. Die Republikaner hatten die Four Courts besetzt und als Hauptquartier befestigt. Ähnliche Divisionen gab es im ganzen Land, obwohl der Süden, soweit es die Armee betraf, überwiegend republikanisch war. Es war klar, dass jederzeit ein Bürgerkrieg ausbrechen konnte. Krieg lag in der Luft. Nachts wurde ständig geschossen und Panzerwagen rasten durch die Straßen.

Ich fühlte mich fast untröstlich. Hatten wir in der Vergangenheit so treu zusammengestanden, nur um jetzt unsere Waffen gegeneinander zu wenden? Ich beschloss, dass zumindest ich nicht schuld wäre, wenn es zu Kämpfen kommen würde.

Ich besuchte nacheinander die Hochburgen jeder Partei, um die Möglichkeiten auszuloten. Ich berief die alten Kämpfer beider Seiten zu Versammlungen ein, aber es schien keine Chance auf eine Einigung zu geben.

Dann traf ich Sean O'Hegarty (Kommandant der 1. Cork Brigade), Florrie O'Donoghue (Adjutant der 1. Southern Division), Humphrey Murphy aus Kerry, Tom Hales aus Cork und Sean Moylan, TD, die alle gegen den Vertrag waren. Nach einigen Diskussionen beschlossen wir, uns in einem letzten Versuch, einen Ausweg zu finden, mit einigen Offizieren der anderen Seite zu treffen. Wir trafen Mick Collins, Dick Mulcahy, Owen O'Duffy, Gearoid O'Sullivan und Sean Boylan.

Nach einem langen Meinungsaustausch einigten wir uns auf eine bestimmte Grundlage für eine Einigung. Diese legten wir schriftlich fest und jeder von uns außer Sean Moylan unterzeichnete sie. Dieses Dokument wurde am 1. Mai in der Presse veröffentlicht. Ich gebe es hier vollständig wieder :

„Wir, die unterzeichnenden Offiziere der IRA, sind uns des Ernstes der Lage in Irland bewusst und wissen, dass ein Konflikt zwischen den Kameraden unvermeidlich ist, wenn die gegenwärtige Tendenz anhält. Daher erklären wir, dass dies die größte Katastrophe in der irischen Geschichte wäre und Irland für Generationen gebrochen zurücklassen würde.

Katastrophe abzuwenden, halten wir es für notwendig, die Reihen auf allen Seiten zu schließen.

„Wir legen allen Führern – Armee und Politik – und allen Bürgern und Soldaten Irlands nahe, dass es ratsam ist, auf der Grundlage der Akzeptanz und Nutzung unserer gegenwärtigen nationalen Position im besten Interesse Irlands eine Vereinigung der Streitkräfte vorzunehmen, und wir fordern, dass nichts unternommen wird, was unsere Position schädigen oder unsere Streitkräfte zerstreuen würde.

„Wir sind der Ansicht, dass die Situation nur auf dieser Grundlage am besten bewältigt werden kann, nämlich:

(1) Die Annahme des Paktes – von allen Seiten anerkannt – bedeutet, dass die Mehrheit der irischen Bevölkerung bereit ist, den Vertrag anzunehmen.

„(2) Eine vereinbarte Wahl im Hinblick auf

(3) Bildung einer Regierung , die das Vertrauen des ganzen Landes genießt.

„(4) Vereinigung der Armee auf der oben genannten Grundlage.“

Unterzeichnet wurde das Abkommen von Tom Hales, Humphrey Murphy, Sean O'Hegarty, Florrie O'Donoghue, Sean Boylan, Dick Mulcahy, Owen O'Duffy, Gearoid O'Sullivan, Mick Collins und mir. Das heißt, fünf von uns waren gegen den Vertrag und fünf waren dafür. Im darauffolgenden Bürgerkrieg blieben sowohl Florrie O'Donoghue als auch Sean O'Hegarty neutral.

Diese Vorschläge stießen auf heftige Kritik. Das republikanische Hauptquartier in den vier Gerichtshöfen gab sofort eine Erklärung heraus, in der es die Bedingungen zurückwies und andeutete, das Ganze sei ein Versuch, die Reihen zu spalten. Ich selbst musste meinen vollen Anteil an negativer Kritik einstecken. Eine republikanische Zeitschrift, *The Plain People* , beschrieb mich als „Judas – vielleicht mit dem Unterschied, dass ich die dreißig Silberlinge nicht bekommen hatte“. Ich weiß bis heute nicht, wer der Herausgeber dieser Zeitung war. Vielleicht glaubte er, was er schrieb. Ich schenkte diesen Bemerkungen keine Beachtung. Ich glaubte, dass es meine Pflicht war, alle Kräfte anzuspannen, um einen Bürgerkrieg zu vermeiden.

Am 3. Mai wurden die Unterzeichner dieser vorgeschlagenen Friedensgrundlage vom Dáil empfangen, und Sean O'Hegarty hielt eine Rede vor dem Haus. Das Ergebnis war die Einsetzung eines Ausschusses , der beide Seiten im Dáil vertrat und die Vorschläge diskutieren sollte.

Der nächste Schritt bestand darin, zu prüfen, was getan werden könnte, um eine Wiedervereinigung der Armee herbeizuführen. Es wurde eine Konferenz zwischen den Chefs beider Seiten anberaumt und es fanden mehrere Treffen statt. Doch weder die Armeechefs noch die politischen

Chefs konnten eine dauerhafte Einigung erzielen. Das einzige Ergebnis aller Verhandlungen war der Pakt zwischen Eamon de Valera und Michael Collins, in dem vereinbart wurde, bei den kommenden Wahlen als Vereinigte Sinn-Fein-Partei anzutreten, wobei sowohl Anhänger der Freistaaten als auch Republikaner auf derselben Liste standen und sich nicht gegenseitig bekämpften. Auf diese Weise wurden alle scheidenden Mitglieder des Dail erneut nominiert und es wurde vereinbart, dass es nach den Wahlen ein Koalitionsministerium geben sollte.

Als die Wahl anstand, gab es einige Schwierigkeiten wegen einer Vakanz, die in East Tipperary durch den Rücktritt von Alderman Frank Drohan aus Clonmel entstanden war. Er war vor der Abstimmung über den Vertrag zurückgetreten, und es kam zu einem Streit darüber, ob die Republikaner oder die Freistaatler seinen Nachfolger nominieren sollten. Schließlich wurde ich als mehr oder weniger neutraler Kandidat ausgewählt. Ich wurde in dieser Angelegenheit nicht konsultiert und wusste nichts über die Vereinbarung, bis ich die Ankündigung in der Presse sah. Ich protestierte gegen den Vorschlag, aber der Eintracht zuliebe stimmte ich zu, dass mein Name genannt wurde. Ich hatte keine Ambitionen, in die Politik zu gehen. Ich war vor allem ein Soldat, und ich machte ganz klar, dass ich nicht am Wahlkampf teilnehmen würde. Allerdings nominierten mich beide Seiten, und ich unterlag bei der Abstimmung.

Ich hatte gehofft, dass wir aufgrund des Pakts zwischen Collins und de Valera eine Wahl ohne Gegenkandidaten hätten, die zur Wahrung einer Einheitsfront gegen England führen würde. Doch sowohl die Labour Party als auch die Farmers bereiteten sich darauf vor, eigene Kandidaten ins Rennen zu schicken, um den Republikanern und Anhängern der Freistaaten entgegenzutreten. Vor der Wahl hielt Mick Collins in Cork eine Rede, in der er Labour und andere Parteien aufforderte, ihren Wahlkampf fortzusetzen. Dies war natürlich ein eklatanter Verstoß gegen die Vereinbarung, die er eingegangen war.

In Nord-, Mittel- und Süd-Tipperary gelang es mir, die Kandidaten der Bauern zum Rückzug aus dem Rennen zu bewegen. Wären alle Parteien so patriotisch gewesen wie die Bauern von Tipperary, hätte der Bürgerkrieg vermieden werden können. Sie hatten mehr als jeder andere Teil der Gemeinschaft unter dem Terror der Black and Tan gelitten. Drei Jahre lang war das Kriegsrecht für sie gültig, das die Abhaltung von Jahrmärkten und Märkten verhinderte. Ihre Bauernhäuser und Molkereien waren zu Dutzenden zerstört worden, und sie hatten uns während des gesamten Krieges treu zur Seite gestanden. Ihre Selbstaufopferung, die sie durch ihren Rückzug aus der Wahl von 1922 geleistet haben, verdient es, in Erinnerung zu bleiben.

Der Labour-Kandidat in Tipperary wollte sich keine Argumente anhören. Ihm war es egal, dem Feind eine geschlossene Front zu bieten. Er strebte nach Macht und bestand darauf, weiterzumachen. Ich glaube, er prahlte später damit, dass er keine Angst vor Dan Breen gehabt habe, selbst als man ihm eine Waffe an die Brust hielt. Selbst im Wahlkampf sind solche Verleumdungen kaum angebracht. Ich hoffe jedoch, dass meine Landsleute mich gut genug kennen, um nicht zu glauben, dass ich jemals einem unbewaffneten Gegner eine Waffe an die Brust halten würde.

Die ganze Zeit über machte ich mir Sorgen um die Zukunft. Mick Collins' Bruch des Pakts machte mich misstrauisch. Ich hatte auch das Gefühl, dass England niemals ein Koalitionsministerium aus Freistaatlern und Republikanern zulassen würde, aber ich hoffte die ganze Zeit, dass die Freistaatler ihr im Falle einer Krise den Vertrag vor die Füße werfen würden, anstatt Bruder gegen Bruder kämpfen zu lassen.

KAPITEL XXVIII.
WIE ICH GEFANGEN WURDE.

Ich habe nicht die Absicht, hier eine Geschichte des Bürgerkriegs zu erzählen. Ich kann nur sagen, dass ich meinen Teil dazu beigetragen habe, ihn zu vermeiden. Aber als ich zu meinem Erstaunen erfuhr, dass die Freistaatler mitten in der Nacht britische Kanonen in Stellung gebracht hatten, um die Republikaner in den Four Courts zu beschießen , hatte ich das Gefühl, dass mir nur ein Weg offen stand – mich meinen alten Kameraden anzuschließen und den Kampf für die Republik fortzusetzen.

Im Laufe dieses Kampfes verlor ich fast alle meine alten Waffenbrüder. Sogar im Krieg gegen die Black and Tans litt Tipperary weniger schwer. Dinny Lacey gab sein Leben für Irland; ebenso Jerry Kiely, „Sparkie" Breen, Paddy Dalton, Paddy McDonough, Mick Sadlier, D. Ryan, Liam Lynch und mehrere andere, mit denen ich früher gekämpft hatte. Sie waren edle und mutige Soldaten, treue und selbstlose Kameraden. Irland wird solche Männer vermissen. Sie könnten noch unter uns sein, wenn die Freistaatler das in Limerick zwischen Liam Lynch und Mick Brennan geschlossene Abkommen eingehalten hätten. Dieses Abkommen hätte die Soldaten des Südens vielleicht davor bewahrt, ihre Waffen gegeneinander zu richten. Niemand kann behaupten, dass die Republikaner auch nur im Geringsten für den Bruch des Vertrags von Limerick von 1922 verantwortlich seien.

Ich werde meine Geschichte mit einem Bericht über die Umstände beenden, die zu meiner Gefangennahme geführt haben.

Als Liam Lynch im Frühjahr 1923 in der Grafschaft Waterford getötet wurde, beschlossen Austin Stack, Frank Barrett, David Kent, Sean Gaynor, Maurice Walsh, George Power und einige andere von uns, die in der Nachbarschaft zusammen waren, ins Nire-Tal zu gehen, um an einem wichtigen Treffen teilzunehmen, das einberufen worden war, um bestimmte Friedensvorschläge zu diskutieren. Wir erreichten Melleray am nächsten Morgen um 1 Uhr und gönnten uns eine dringend benötigte Ruhepause und etwas Essen. Um 5 Uhr setzten wir unsere Reise in Richtung Cappoquin fort und überquerten nach einem einstündigen Marsch die Straße, da wir darauf bedacht waren, so weit wie möglich auf den Feldern zu bleiben. Gleich nachdem wir die Straße überquert hatten und einen Hügel hinaufgingen, wurden wir von drei Seiten heftig beschossen. Wir gingen sofort in Deckung, aber als das Feuer heftiger wurde, beschlossen wir, so gut wie möglich zu entkommen. In der Verwirrung wurden wir zerstreut. Ich traf Austin Stack von diesem Tag an nie wieder, bis ich ihn vier Monate später in Mountjoy traf, wo wir beide Gefangene waren.

dort ankamen, stellten wir zu unserem Erstaunen fest, dass der Ort von einer starken Gruppe von Freistaatlern besetzt war.

Wir mussten zwei Tage lang in den Bergen bleiben, da die Truppen des Freistaats große Verstärkungen herangeschafft hatten, um das Gebiet zu durchkämmen. Es lag schwerer Schnee auf dem Boden, aber wir konnten uns nirgendwo in Sicherheit bringen.

Nach zwei Tagen schlüpften wir durch die Linien und ich machte mich auf den Weg zu meinem alten Revier, dem Glen of Aherlow. Ich erreichte einen Unterstand im Glen und wäre vor Erschöpfung und Hunger fast zusammengebrochen. Ich schlief fast ein, sobald ich mich hinlegte.

Ich wurde aus dem Schlaf durch das schwere Trampeln marschierender Männer über mir geweckt. Ich sprang heraus und blickte in die Läufe mehrerer Free State-Gewehre. Ich hatte keine andere Wahl, als mich zu ergeben.

Ich bin kein weichherziger Mensch. Ich habe zu viel durchgemacht, als dass ich das Weinen als leicht empfinden könnte. Aber nur mein Stolz hielt mich an diesem Tag davon ab, wie ein Kind zu weinen.

Fünf Jahre lang hatte ich der englischen Garnison in Irland getrotzt. Alles hatte ich freiwillig für mein Land und meine Landsleute erlitten. Und jetzt war ich in meinem Heimatland ein Gefangener in den Händen meiner eigenen Landsleute.

Ich wurde zuerst nach Galbally gebracht, wo ich meinen alten Freund von Knocklong, Ned O'Brien, seinen Bruder John Joe und James Scanlan traf. Ich glaube, sie spürten die Situation genauso sehr wie ich, aber sie versuchten, mich aufzumuntern.

Von Galbally wurde ich unter Eskorte in meine Heimatstadt Tipperary gebracht, wo ich einer Art Gerichtsverfahren unterzogen wurde. Am nächsten Tag wurde ich vom Hauptquartier des Freistaats, der Abbey School, abgeholt und zum Bahnhof marschiert. Die Demütigung und Qual, die ich während dieses kurzen Marsches erdulden musste, werde ich nie vergessen. Möge der Leser nie erfahren, was es bedeutet, als Gefangener durch seine Heimatstadt marschiert zu werden, weil er seiner Meinung nach seine Pflicht getan und seinem Land gedient hat.

Ich wurde mit der Bahn nach Limerick gebracht, wo ich zwei Monate festgehalten wurde. Ich habe bereits erzählt, wie ich als einer der für mich verantwortlichen Militäroffiziere Lord Frenchs Fahrer traf, den wir in Ashtown verwundet hatten.

Von Limerick wurde ich nach Mountjoy gebracht und wegen der Behandlung dort trat ich in einen Hungerstreik. Nach zwölf Tagen Hungerstreik und sechs Tagen Durststreik wurde ich freigelassen.

Während meiner Haft hatten mich die Menschen von Tipperary zu ihrem ranghöchsten republikanischen Stellvertreter gewählt.

www.ingramcontent.com/pod-product-compliance
Lightning Source LLC
LaVergne TN
LVHW042120190726
843493LV00006B/1536